AF383245

# The Standards II

Filme aus der Freiheitsperspektive betrachtet

herausgegeben von Michael von Prollius

Bibliografische Information der Deutschen Nationalbibliothek:
Die Deutsche Nationalbibliothek verzeichnet diese Publikation in der Deutschen Nationalbibliografie; detaillierte bibliografische Daten sind im Internet über http://dnb.dnb.de abrufbar.

Herstellung und Verlag: BoD – Books on Demand, Norderstedt
Titelbild und Umschlaggestaltung: Björn von Prollius
Layout: Susanne Junge

© 2016 Michael von Prollius (Hg.)
1. Auflage
Alle Rechte vorbehalten.
ISBN: 978-3-7392-4477-8

# Inhalt

# Vorspann

**The Standards** werden vor allem mit Musik assoziiert. Besonders häufig gespielte Stücke, die immer wieder neu interpretiert werden und die Stilentwicklung überdauern oder sie selbst prägen, gelten als Standards. Beim Jazz ist das beispielhaft der Fall. Weithin sichtbar trifft das auch für das Kino zu. Bemerkenswerterweise gilt: Neuinterpretationen können beliebter sein als die Originale. Auch über die Musik hinaus kennzeichnet Standards, dass die in ihnen verkörperte Art und Weise zu verfahren anerkannt wird, ob beim Tanzen, bei Produktionsverfahren oder bei Währungen. Ein Goldstandard ist beispielsweise eine Währung, die aus Goldmünzen, Goldbarren oder in Gold eintauschbaren Papiernoten besteht.

**The Standards II** sind in diesem Band Kinofilme, die aus der Freiheitsperspektive betrachtet werden und bedeutende Lehren und Inspirationen für eine freie Gesellschaft bieten. Filme, die nicht unterhalten, haben es in diese Auswahl nicht geschafft. Indes müssen sie im Rahmen einer naturgemäß sehr selektiven Auswahl an Filmen mehr bieten: Filme, die einer Freiheitsperspektive standhalten, unterhalten und inspirieren. Sie bieten Alltagsweisheiten und Lehren. Sie entführen uns in eine andere Welt und weisen auf unser Leben hier, heute und morgen zurück.

**The Standards** haben in der Musik im Great American Songbook einen Platz gefunden. Herausragende Songs der amerikanischen Unterhaltungsmusik sind dort versammelt, ohne dass ihre Zahl abschließend festgelegt wäre.

Inhaltlich lassen sich die nachfolgend aus der Freiheitsperspektive betrachteten Kinofilme verschiedenen Themen zu-ordnen: In den Western werden Freiheit und Selbstbestimmung des Einzelnen betont. Recht, Gesetz und Ordnung befinden sich in einem prekären Zustand, der zumeist von gewaltbereiten Einzelpersonen destabilisiert und wieder ins Gleichgewicht gebracht wird. Dabei werden autoritäre Machtausübung und deren Folgen anschaulich ge-schildert. Das gilt sowohl für klassische und moderne Western wie „Alamo" und „Open Range" als auch für den Alpenwestern „Das finstere Tal". In „Der Mann, der Liberty Valance erschoss" wird hingegen das facettenreiche Verhältnis zwischen Gesellschaft und Individuum thematisiert.

*„Ein Mann hat das Recht sein Eigentum und sein Leben zu schützen."*

*„Wir haben niemals etwas vom Staat gefordert und niemals etwas von ihm erwartet."*

Boss Spearmann

Den Hauptteil von **The Standards II** bilden Rebellionen gegen autoritäre Herrschaften. Möglicherweise sehen die Autoren, die freie Auswahl bei den von ihnen besprochenen Filmen hatten, das Thema Freiheitskampf als herausragend an, cineastisch, aber angesichts herrschender Anmaßungen auch mit

Bezügen zur heutigen Zeit. Das Historiendrama „Braveheart" schildert den Unabhängigkeitskampf als persönlich motivierten Freiheitskampf gegen brutale Unterdrücker. „V wie Vendetta" ist die Geschichte eines persönlichen Rachefeldzugs zum Sturz einer Tyrannis. „Matrix" handelt von der Selbstvergewisserung eigener Fähigkeiten und der Befreiung von der Maschinen-Herrschaft. Die „Tribute von Panem" zeigen eine Rebellion gegen eine atavistische Diktatur in der Zukunft. „Krieg der Sterne" ist die Inkarnation des Freiheitskampfes gegen eine totalitäre Militärbürokratie, Gut kämpft gegen Böse, die Protagonisten besinnen sich auf ihre eigenen Fähigkeiten.

> *„Sie mögen uns das Leben nehmen, aber niemals nehmen sie uns unsere Freiheit!"*
>
> William Wallace vor der Schlacht von Stirling

> *"Ein Volk sollte keine Angst vor seiner Regierung haben, eine Regierung sollte Angst vor ihrem Volk haben."*
>
> V

Mit „Der Elefantenmensch" wird das Themenfeld „Individuelle Entfaltung und öffentliche Drangsalierung" fortgesetzt. Wenn es ein Thema gibt, das alle freiheitlichen Filmperspektiven verbindet, dann ist es das spannungsreiche Verhältnis zwischen Individuum und Gesellschaft. Das wird auch in der abschließend betrachteten Serie

> *„Furcht ist der Pfad zur dunklen Seite. Furcht führt zu Wut, Wut führt zu Hass, Hass führ zu unsäglichem Leid."*
>
> Yoda

„Vikings" deutlich, die menschliches Streben nach Herrschaft mittels Gewalt und Intrigen sehr ambivalenter Charaktere schildert.

**The Standards II** sind das Ergebnis persönlicher Vorlieben und Schwerpunkte. Die Auswahl der Autoren und Aufsätze folgt keiner Norm. Die Texte sind individuelle Betrachtungen und Interpretationen, die sich hinsichtlich Länge, fachlicher Tiefe und Stil unterscheiden. Gemeinsam ist ihnen der Standard-Aufbau: Filmthema benennen, dazu Regisseur und Darsteller auflisten, Bedeutung für die Freiheit skizzieren, Inhalt des Films zusammenfassen und Bezüge zur Freiheit herstellen. Zitate schließen jeden Beitrag ab.

Die Phantasie anregen, den Leser zum Nachdenken bringen, vielleicht sogar inspirieren, das ist ein hehres Ziel, mit dem **The Standards II** verbunden ist. Durch eigenes Nachdenken über das Gelesene und Gesehene zu neuen Erkenntnissen gelangen, das ist das Minimalziel, das die Autoren erreichen möchten. Wenn Sie als Leser nach der Lektüre Filme aus einer anderen Perspektive betrachten, freuen sich die Beitragenden dieses Bandes.

Ein Standard kann formalisiert werden oder in einem nicht-formalisierten Regelwerk beschrieben sein. In der Regel ergeben sich Standards indes ungeplant. So verhält es sich auch mit den nachfolgenden Filmbesprechungen. Vorteile von Standards liegen in reduzierten Transaktionskosten – das Rad muss nicht neu erfunden werden, viele Menschen haben sich bereits darauf verständigt, was ein Rad ausmacht – und zugleich in erhöhter

Effizienz, zumal Vertragsverhandlungen vereinfacht werden. Sollten einige der nachfolgenden Ansichten zu Standards werden, wäre das für eine freie Gesellschaft hilfreich.

**The Standards II** möchte einen Einblick in die Vielfalt der freiheitlichen Filmwelt geben. Nachfolgend dominiert die Perspektive der Befreiung und Selbstbestimmung. Zweifellos ließen sich weitere Aspekte hinzufügen – zwei Beispiele: Im Film-Klassiker "Club der Toten Dichter" kämpft Englischlehrer John Keating, gespielt von Robin Williams, leidenschaftlich und mit viel Humor für die Entfaltung der Persönlichkeit seiner Jungs in einem konformistischen Paukinternat. In George Clooneys „Good Night, and Good Luck" verkörpert der in den USA berühmte Fernsehmoderator Edward Munroe Integrität. In den 1950er Jahren führte er einen couragierten Kampf für Meinungsfreiheit und den zwanglosen Zwang des besseren Arguments. Auf stilistisch und rhetorisch hohem Niveau setzte er sich mit Senator Joseph McCarthy auseinander, der eine landesweite Hexenjagd gegen vermeintliche Kommunisten und Andersdenkende führte. Munroe gelang das Unerwartete, er zwang McCarthy in die Knie. Zugleich konnte er den Niedergang des Fernsehens nicht verhindern.

Die Grundmelodie von **The Standards II** ist erneut unüberhörbar die der Freiheit. Weniger Macht von Menschen über Menschen und mehr Selbstverantwortung ist ein durchgängiger Erzählstrang. Sie passt zum Freiheitsstreben insbesondere junger Menschen, das ein weltweit wachsendes Phänomen darstellt, wie sich an der Zahl von Organisationen, Publikationen und Studenten für die Freiheit ablesen lässt. Die Menschen in Deutschland und Europa werden von einer Rückbesinnung auf die Freiheit profitieren, weil sie als individuelle Lebewesen wieder in den Mittelpunkt rücken werden. Wer an einer dystopischen Hörwelt interessiert ist, dem sei die Science-Fiction-Krimi-Serie „Jonas, der letzte Detektiv" empfohlen. Sie vermittelt einen plastischen Eindruck von einer Herrschaft der Staatsbürokratie und mit ihr verflochtener Großkonzerne. Mit seiner fünfundzwanzigjährigen Vorausschau hat der Autor Michael Koser 1983/84 eine extreme Zukunft beschrieben, vor deren autoritären Formen bereits Wilhelm Röpke als konsequentes Endstadium eines pervertierten Wohlfahrtsstaates gewarnt hatte.

Wie schon der erste Band „The Standards. Klassisch liberale Aufsätze neu interpretiert" stellt auch dieser Band keineswegs den Anspruch, einen Standard zu setzen, und kann nur ein erste Werkschau sein. Gute Unterhaltung wünschen die filmbegeisterten Autoren.

Michael von Prollius

Berlin, im Februar 2016

# Alamo

## John Wayne

gesehen von Detmar Doering

## Filmthema

Western/Historienfilm: Aufopfernder Unabhängigkeitskampf gegen die Diktatur und für eine Republik, die die Freiheit des Einzelnen sichert.

## Bedeutung

Visuell eindringliche filmische Umsetzung des Themas „Gut" gegen „Böse". Das Gute ist dabei ganz plakativ die Freiheit. Das Böse sind Diktatur und Unterdrückung. Ein ästhetisch hochstilisiertes politisches Bekenntnis des Regisseurs, das universell gedachten amerikanischen Werten Ausdruck verleiht.

# Regisseur und Darsteller

Erscheinungsjahr: 1960

Regie: John Wayne

| <u>Darsteller</u> | <u>Filmfiguren</u> |
|---|---|
| John Wayne | Davy Crockett |
| Laurence Harvey | Colonel Travis |
| Richard Widmark | James Bowie |
| Frankie Avalon | Smitty |
| Ruben Padilla | General Santa Anna |
| Linda Cristal | Flaca |

# Interpretation

*Historienfilm mit Freiheitsbotschaft*

John Waynes Regieerstling „The Alamo" basiert auf einer berühmten Episode der amerikanischen Geschichte: Texas, das zu Mexiko gehört, wird zunehmend von Einwanderern aus den Vereinigten Staaten besiedelt, die in Konflikt mit der Regierung des Diktators Santa Anna geraten und 1836 die Unabhängigkeit von Texas ausrufen. Die Mexikaner drohen, die Texaner militärisch zu besiegen. Deren General Sam Houston muss seine Armee schnell reorganisieren. Er gewinnt Zeit, weil der riesigen Armee Santa Annas eine kleine, zum Fort umgebaute Missionsstation – Alamo – im Wege steht, das von 187 Texanern unter der Führung von Oberst Travis 13 Tage lang gehalten wird. Der chancenlose Kampf der Texaner, die am Ende alle getötet werden (nachdem Santa Anna allen Frauen freies Geleit gewährt hat), verschafft letztendlich den Texanern den siegesnotwendigen Zeitgewinn.

Die zum Heldenmythos gewordene Belagerung der Alamo ist das Thema des Films. Im Zentrum stehen vor allem die drei (historischen) Helden von Alamo: der pflichtbewusste Oberst Travis, der um die Last der Verantwortung dieses Selbstmordkommandos weiß, und der ehemalige Kongressabgeordnete Davy Crockett, der sich ebenso wie der legendäre Jim Bowie mit einem kleinen, eher undisziplinierten Trupp der Besatzung anschließt. Während Travis zwar unter der Pflicht leidet (was er durch einen distanzierten Befehlston zu verbergen sucht), aber keine Sekunde an ihrer Erfüllung zweifelt, hadert der eher unpolitische Individualist Bowie mit dem Sinn der Pflichterfüllung. Er möchte zunächst mit seinen Leuten das Fort verlassen und auf eigene Faust einen Guerillakampf gegen Santa Annas Armee führen. Am Schluss siegt jedoch sein Ehrgefühl; er wird bis zuletzt das Fort verteidigen. Die Rolle des Protagonisten hat sich John Wayne selbst auf den Leib geschrieben. Der politikmüde Crockett begreift als einziger den Krieg als eine Weltanschauungsfrage, die seinem Leben Sinn stiftet, nämlich als Freiheitskampf für sein Land. Für ihn rechtfertigt der Freiheitskampf sogar die Aufgabe privaten Glücks (er wird Flaca, die Frau, die er liebt, nicht heiraten) und die Aufopferung seines Lebens. Crockett ist das Medium, das die Botschaft des Films zum Teil in längeren Monologen transportiert.

*Historische Wahrheit versus dramaturgische Leistung*

Es fiel manchen Kritikern leicht, in dem Film etliche historische Ungenauigkeiten zu entdecken. Einige Historiker, die Wayne berieten, wollten am Ende nicht mehr im Filmabspann aufgeführt werden. Eine solche Kritik an einem künstlerischen Werk, das die Historie immer nur als Aufhänger für eine theatralische Erzählung mit ihren Eigengesetzlichkeiten benutzen kann, geht letztlich fehl. Man könnte mit gleichem Grund Shakespeares

„Hamlet" als schlechtes Stück kritisieren, weil es den historischen Hamlet (wie er in der mittelalterlichen Chronik des Saxo Grammaticus überliefert ist), faktenwidrig darbietet. Wenn etwa kurz vor dem letzten Ansturm der Mexikaner Oberst Travis die Botschaft erhält, dass die kleine Entsatzarmee unter Oberst Fannin aufgerieben worden sei, bevor sie die Alamo erreichen konnte, vertieft diese Schreckensnachricht das Empfinden der Hoffnungslosigkeit der Belagerten dramaturgisch mehr als die historische Wahrheit. Fannin wurde erst drei Wochen *nach* dem Fall der Alamo besiegt und getötet. Ein Bestehen auf historischer Korrektheit wäre zulasten der dramaturgischen Leistung gegangen. Wie richtig Wayne lag, nicht auf allzu große historische Genauigkeit zu achten, zeigt das von John Lee Hancock 2004 gedrehte Remake von „The Alamo" (in dem Billy Bob Thornton den Crockett gibt), das genau diesen Anspruch erhob und prompt von der Kritik als akkurat, aber langweilig verrissen wurde.

*Die politische Botschaft*

Viele historische Ungenauigkeiten in John Waynes „Alamo" lassen sich mit der dramaturgischen Absicht erklären, die eigentliche Botschaft herauszustellen. Ein Beispiel ist die Darstellung des Verhältnisses der nordamerikanischen Texaner zu den Einheimischen und den Schwarzen. Obwohl die Spannungen mit den katholisch-spanischen Einheimischen den Urgrund des Konfliktes bilden, sind im Film die Beziehungen von höchstem gegenseitigem Respekt geprägt. Jim Bowie bekommt sogar eine mexikanische Frau angedichtet, die in der Ferne stirbt. Über die Mexikaner sagt er: *„Die Leute haben Mut und sie haben auch Würde."* Die Mexikaner stehen wiederum – außer als Soldaten von Santa Anna – immer auf Seiten der Texaner.

Ähnlich steht es um den einzigen Schwarzen im Film, Bowies Sklaven Jethro. Bowie lässt ihn vor der Schlacht frei, und Jethro beschließt, seine neue Freiheit für den Freiheitskampf einzusetzen und mit den Texanern zu kämpfen. Realiter hätte das für Jethro kein Freiheitskampf sein können, denn die historischen Texaner kämpften für das Recht auf Sklavenhaltung. Während Santa Anna die Sklaverei in Mexiko 1829 endgültig abschaffte, führte das unabhängige Texas sie in seiner Verfassung 1836 explizit wieder ein. Dramaturgisch unterstreicht die Episode mit dem erfundenen Charakter Jethro indes, dass es Wayne nicht um Texas von 1836 ging, sondern um ein aktuelles politisches Programm mit einer universellen Botschaft.

*Gegen …*

Kern der Filmbotschaft ist die Unabhängigkeit einer freien Republik. Deshalb ist klar, dass es sich aus einer legitimen Handlungslogik heraus keinesfalls um einen Konflikt mit dem mexikanischen Volk handeln darf, und dass auch Sklaverei bei den Texanern keinen Platz hat. Böse ist hingegen das Regime von Santa Anna, das für die Unterdrücker schlechthin steht. Ihm unterstellt Crockett im Film, dass die Eroberung von Texas für ihn nur der erste Schritt gewesen sei beim weiteren Ausgreifen nach Norden. Das stellte eine direkte territoriale Bedrohung der Vereinigten Staaten dar und machte ein Eingreifen erforderlich.

Die Analogie zu Kaltem Krieg und Sowjetkommunismus (die den historischen Santa Anna sehr verwundert hätte) ist offenkundig. Wayne verficht im Film ein manichäisches Weltbild, das von einem inhärenten Expansionismus unfreier Regime ausgeht, dem Einhalt geboten werden muss.

Kein Wunder, dass seinerzeit die Kritik aus dem linken politischen Lager sehr harsch war. „Ein rückhaltslos abgelegtes Credo eines primitiven Rechtsradikalen", schrieb ein deutscher Kritiker

1965 in der „Filmkritik".[1] Die Nachwelt ist fairer mit dem Film umgegangen, nicht nur, weil die Botschaft des Films eine der Toleranz und Freiheit ist (also kaum rechtsradikal), sondern weil man seit 1989 für verdeckte Absagen an den Kommunismus mehr Verständnis aufbringt.

### ... und für – Freiheit und Republik

In einem Monolog (siehe Zitat unten) legt Crockett, gespielt von John Wayne, sein Credo dar. Das Ziel sei eine Republik, die man nun in Texas gründe: *„Es gibt Worte, die ein ganz bestimmtes Gefühl auslösen. Republik ist eines dieser Worte."* Der Mythos des amerikanischen Unabhängigkeitskriegs von 1776 findet hier in seiner wertgeladenen Bedeutung eine historische Fortsetzung.

Auffallend ist, dass Wayne bei seiner Schilderung des Republik-ideals weniger den demokratischen Charakter betont. In der politischen Theorie hat es seit den 1960er Jahren in den USA einen Trend gegeben, die demokratischen und kommunitären Tendenzen des „Republikanismus" von den individualistischen Annahmen des „Liberalismus" zu trennen und beide gegen-einander auszuspielen. Davon ist Wayne in „Alamo" weit entfernt. Republik bedeutet für ihn ganz primär individuelle und persönliche Freiheit, die er als universelles Ideal begreift. Sie ist der eigentliche Gegenstand eines republikanischen Gemein-wesens, das zuvörderst dazu dient, ebendiese Freiheit nach außen und innen zu schützen. Das „Politische" ist somit kein Selbstzweck. Crockett macht als „Sinnträger" des Films klar, dass er in seinem früheren Leben als Kongressabgeordneter die Eigenlogik der Politik zu sehr verinnerlicht hatte. Erst der reine und aufopfernde Freiheitskampf gebe dem Leben einen höheren

---

[1] Zitiert nach: Joe Hembus: Das Westernlexikon, bearb. von Benjamin Hembus, erw. Neuausgabe, 4. Aufl. München 1997, 36

moralischen Sinn. Hier wird eine typisch amerikanische (libertäre) Tradition der Politikverachtung sichtbar, die allerdings nicht so radikal ist, dass sie den Staat völlig ablehnt. Zu sehen ist das bei einer Gegenüberstellung mit Bowie, der auch ein freiheitlicher Individualist ist, aber noch völlig in der vorstaatlichen Gedankenwelt des Trappers in der Wildnis verharrt. Daher kann er nur schwer begreifen, dass seine Freiheit einer gemeinsamen Anstrengung bedarf: der Republik. Der nicht-republikanische Freiheitsfreund sei letztlich, davon ist Crockett überzeugt, nicht in der Lage, die Freiheit gegen äußere Bedrohungen zu verteidigen.

*Die Freiheitsidee ästhetisch umgesetzt*

John Wayne fügt als Regisseur und Produzent konsequent Form und Inhalt des Films zu einer Einheit zusammen. Dass ihm die ästhetische Umsetzung der Botschaft gelang, hat kaum ein Kritiker je bezweifelt.

Zunächst eine Bemerkung zur Bildsprache: Die Darstellung der Texaner erfolgt vielfach in Nahaufnahmen und szenischen Kontexten, die die individuellen Persönlichkeiten zum Tragen bringen. Stimmungsreiche Bilder, häufig nachts bei Fackelschein, erwecken eine intensive menschliche Spannung.

Die mexikanischen Angreifer werden eher anonymisiert als Masse dargestellt. Dort, wo sie Menschlichkeit zeigen, etwa wenn sie Frauen verschonen, tun sie dies in Erfüllung eines militärischen Tugendkodex, der aber nicht dazu dient, Santa Anna eine individuell menschliche Note zu verleihen. Die Soldaten werden unter Einbezug der weiten texanischen Landschaft in wiederholt sehr linear strukturierten Bildern gefilmt, die beeindruckend das Bild einer kollektiven Maschinerie vermitteln, die am Ende die menschlichen Individualisten im Fort überwältigt.

Diese Versinnbildlichung des Gegensatzes von Freiheit und Leben versus Unterdrückung findet auch in der großartigen Musik von Dimitri Tiomkin ihren Widerhall. Die Menschlichkeit, aber auch die Furcht der Belagerten, wird durch die melancholisch getragene Hauptmelodie „Green Leaves of Summer" (die 1960 in vielen Versionen zum Hit wurde, etwa von den Brothers Four, Sarah Vaughan oder Ray Conniff) unterstrichen. Das gilt auch für das Titellied „The Ballad of the Alamo" (ein Hit für Marty Robbins), das dem Ganzen eine kämpferischere Tonalität verleiht.

Die Mexikaner hingegen greifen bei blecherner Marschmusik an, die mechanische Kälte ausstrahlt. Der Kontrast der beiden Musiken korrespondiert mit der Botschaft Crocketts, die Freiheitsstreben mit echtem Leben gleichsetzt und Unfreiheit mit Kälte und Lebensfeindlichkeit.

### Für die Freiheit müssen Opfer gebracht werden

Die Freiheit ist es wert, dass man für sie Opfer bringt. Diese Filmbotschaft meint John Wayne in jeder Hinsicht ernst. Die Finanzierung des aufwendigen Films besorgte er selbst. Als der Film, bei dem allein 4.000 Statisten als Soldaten Santa Annas mitwirkten, mit 12 Millionen Dollar das Budget weit überzog, musste Wayne große Teile seines privaten Immobilien- und Vermögensbesitzes verkaufen, um sein Traumprojekt zu realisieren. Obwohl der Film erfolgreich in den Kinos lief, spielte er die astronomischen Kosten nicht ein. Das tat er erst Jahre später, nachdem United Artists sich erbarmte und Wayne die Filmrechte abkaufte. Wayne selbst war das egal, denn für ihn war der Film sein persönliches Freiheitsvermächtnis, für das er bereit war, Opfer zu bringen. Als sich das Debakel mit den Filmkosten abzeichnete, antwortete er auf die Frage eines Journalisten knapp: „Es ist ein guter Film, der einen Teil aus der wirklichen Geschichte

Amerikas zeigt. Und diese Art von Filmen brauchen wir heutzutage mehr als jemals zuvor."[2]

## Zitate

*„Republik, ich hör's gerne, dieses Wort. Die Menschen in einer Republik können frei leben, frei sprechen. Sie können mit ihrer Zeit machen, was sie wollen. Sie können nüchtern bleiben oder sich betrinken, wie es ihnen beliebt. Es gibt Worte, die ein ganz bestimmtes Gefühl auslösen. Republik ist eines dieser Worte. Bei dem kriege ich direkt Herzklopfen. So wie bei dem ersten Sohn, den man hat und bei dem man die ersten Schritte beobachtet. Oder wenn man als Vater plötzlich merkt, dass sein Sohn Stimmbruch hat und ein Mann ist. Deshalb liebe ich dieses Wort so wie eine Zauberformel, von der man Wunder erwartet."*

Davy Crockett zu Colonel Travis

*„Jetzt weiß ich, was wichtig ist. Das Leben muss einen Zweck haben. Sich gegen die Unterdrückung zur Wehr setzen, und für das Recht kämpfen, das lohnt sich schon, auch wenn man dabei Prügel bekommt. Das mag sich vielleicht wie eine Predigt anhören oder wie der Vortrag eines Bibelforschers, der auf der Straße zu den Leuten spricht, aber das ändert nichts daran, dass es wahr ist. Hier ist das Recht und dort ist das Unrecht. Für eins muss man sich entscheiden. Wenn man für das Recht kämpft, lebt man. Wenn man dem Unrecht Vorschub leistet, dann läuft man zwar herum, aber man ist eigentlich schon gestorben."*

Davy Crockett zu Flaca

---

[2] Zit. nach: George Carpozi: John Wayne. Der König des Western-Films, 2. Aufl., München 1979, S.102

# Der Mann, der Liberty Valance erschoss

## John Ford

gesehen von Stefan Blankertz

## Filmthema

Western: Dialektik der Aufklärung bei der Einführung von kodifiziertem (staatlichem) Recht, um eine wilde Stadt zu zivilisieren.

## Bedeutung

Der konservative Filmautor John Ford erzählt in seinem politischen Western „The Man Who Shot Liberty Valance" von der gesellschaftlichen Selbstfesselung. Schauplatz ist die fiktive Stadt Shinbone.

## Regisseur und Darsteller

Erscheinungsjahr: 1962

Regie: John Ford

| Darsteller | Filmfiguren |
| --- | --- |
| James Stewart | Ransom Stoddard |
| John Wayne | Tom Doniphon |
| Lee Marvin | Liberty Valance |
| Vera Miles | Hallie Stoddard |
| Edmond O'Brien | Dutton Peabody |

## Interpretation

*Die Utopie der Ordnung vernichtet die Lebendigkeit*
*Der Plot*

In Shinbone kümmert sich jeder um seinen eigenen Kram. Man macht eigene Gesetze und setzt sie durch. Das Gesetz der Öffentlichkeit repräsentiert der ständig betrunkene und nie zuständige Sheriff. Die Gegend um die Stadt kontrolliert der Bandit Liberty Valance, gespielt von Lee Marvin. Die Stadt beschützt der „gute" Revolvermann Tom Doniphon, gespielt von John Wayne. Der Gegensatz zwischen Liberty Valance und Tom Doniphon ist allerdings nur aus dem Blickwinkel von Shinbone – den uns Ford einnehmen lässt – einer zwischen „Gut" und „Böse". In Wirklichkeit ist es ein politischer Interessenkonflikt zwischen Stadt und Land, wie die Parlamentssitzung gegen Ende des Films deutlich macht. Wir können von dieser Szene her vermuten (obwohl wir es nie sehen), dass Liberty Valance für die Landbevölkerung nicht weniger Identifikationsfigur war als Tom Doniphon für die Städter von

Shinbone. Jedenfalls hat sich gewohnheitsrechtlich ein Kräftegleichgewicht herausgebildet, mit dem alle zu leben vermögen.

Dieses Kräftegleichgewicht zwischen Tom Doniphon und Liberty Valance wird gestört, als Ransom Stoddard (James Stewart), Anwalt der Rechte, nach Shinbone kommt. Auf dem Weg in die Stadt überfällt ihn Liberty Valance. Jener beschließt daraufhin, den Banditen mit rechtlichen Mitteln zur Strecke zu bringen. Zuerst macht er bei dem Versuch, Liberty Valance als Anwalt beizukommen, eine ziemlich lächerliche Figur. Liberty Valance lässt sich aber durch den Anwalt provozieren; aus der Reserve gelockt, beginnt er, die Stadt zu tyrannisieren. Tom Doniphon hilft daraufhin dem Anwalt Stoddard: teils aus Spott, um seine eigene Überlegenheit und die Lächerlichkeit von Stoddards Formalismus zu beweisen, teils aus Mitleid und teils, weil er (bzw. seine Freundin Hallie, gespielt von Vera Miles) die Maßnahmen des Anwalts für richtig hält. Stoddard wäre zweifellos ohne die Hilfe Toms zugrunde gegangen.

Schließlich muss Stoddard sich, ganz gegen seine Prinzipien, einem Kampf mit der Waffe gegen Liberty Valance stellen und zur Selbstjustiz greifen. Als Mann, der Liberty Valance erschoss, wird Stoddard populär. Darauf baut sich eine steile politische Karriere für ihn auf. Allerdings erfährt er (und nur er) von Tom Doniphon, dass in Wirklichkeit nicht Stoddard, sondern Tom Doniphon den Banditen erschossen hat, nämlich aus dem Hinterhalt. Später gesteht Stoddard – inzwischen ein hochangesehener Senator und bloß zur Beerdigung von Tom in Shinbone zu Besuch – einem Journalisten die Wahrheit über „den Mann, der Liberty Valance erschoss". Der Journalist beschließt, die wahre Story nicht zu drucken. Begründung: *„Wenn die Legende zur Wahrheit geworden ist, drucken wir die Legende."* Zwar hat Tom Doniphon den Banditen erschossen und sich gleichzeitig die eigene

Lebensgrundlage entzogen; er hat aber auch Raum geschaffen für die Gesetzlichkeit von Ransom Stoddard. Verarmt und vergessen stirbt Tom.

## Totentänze der offenen Gesellschaft

Die Selbstvernichtung von Tom im Interesse gesellschaftlicher Gerechtigkeit drückt sich darin aus, dass die Frau, die er heiraten wollte, Hallie, nun Frau Stoddard wird. Hallie hatte Ransom schon vorher bei seiner „zivilisierenden" Tätigkeit geholfen, hatte Lesen und Schreiben gelernt und eine Schule organisiert, in der Ransom unterrichtete. An Hallie vollstrecke sich die Repression, die die Prinzipien von Ransom mit sich bringen: „Ransoms Einfluss ‚zähmt' sie, macht sie zur respektablen und wohlerzogenen Person, nimmt ihr aber Feuer, Freiheit und Passion."[3]

Als Senator Ransom Stoddard und seine Frau Hallie nach Shinbone kommen (damit beginnt der Film), um Tom Doniphon das letzte Geleit zu geben, erkennen sie die Stadt nicht wieder. Hallie hatte nie aufgehört, Tom und die Stadt am Rande der Wildnis zu lieben. Nun verfügt die zivilisierte Stadt über eine Eisenbahnlinie, eine Schule, eine freie Presse (der Legende mehr verpflichtet als der Wahrheit) und ein starkes Gesetz. Doch es ist keine richtige Heimat mehr. Die Freudentänze, mit denen die Bewohner von Shinbone (und wir Zuschauer mit ihnen) den Tod von Liberty Valance gefeiert hatten, waren auch die Totentänze der offenen Gesellschaft. Sie markierten den Beginn der von Paul Goodman kritisierten „organisierten Gesellschaft".

---

[3] Jenny A. Place: The Western Films of John Ford, Secaucus 1974, 220.

## Triumph der Sklavenmoral

In „Der Mann, der Liberty Valance erschoss" beleuchtet John Ford widersprüchliche Interessen von Individuum, Gemeinschaft und Gesellschaft aus dem Blickwinkel der Gemeinschaft, die um ihre Existenz ringt in einer Gesellschaft, deren Dynamik gegen sie gerichtet ist: Shinbone handelt sich beim Kampf gegen die unmittelbare Tyrannei durch den Banditen Liberty Valance im Tausch die organisierte indirekte Tyrannei des Gesetzesstaates ein. Und aus dem Blickwinkel des Individuums, das um Heim, Glück und Gewissen in einer Gemeinschaft ringt, deren Dynamik auf Nivellierung von Individualität gerichtet ist: Im wilden Shinbone ist das Gesetz, was die Macht des Revolvers hinter sich hat, und das ist Meinung aller, was die Nachbarn sagen.

Ford fragt nach den existentiellen Bedingungen im Verhältnis des Einzelnen zur Gesellschaft: Der Einzelne opfert ein wenig von seiner Individualität, um eine Gemeinschaft hervorzubringen. Tritt dem Einzelnen jedoch die größere Struktur als Fremdes gegenüber, fühlt er nicht genug von sich in ihr aufgehoben. Im Gegenzug wird er ängstlich konformistisch (wie in Shinbone die meisten Bewohner) oder, wenn er zu widerstehen versucht, asozial (wie der Bandit Liberty Valance und der Revolvermann Tom Doniphon).

Und all jene, die eine solche Struktur aufbauen oder aufrecht-erhalten, kolonialisieren sich selber: In Shinbone ist das zuerst Tom Doniphon. Er strukturiert, wenn auch willkürlich, das Leben in der Stadt nach gutmütigen Gesichtspunkten. Dann macht es Ransom Stoddard. Er strukturiert die Stadt nach gesetzlichen, jedoch nicht mehr gutmütigen, sondern vielmehr emotionsentleerten Gesichtspunkten. Die menschlichen Werte der schöpferischen Menschen werden durch die eigenen Handlungen zerstört: Tom will Shinbone in seiner ursprünglichen

Wildheit erhalten, aber verbündet sich mit dem blutlosen Gesetz, weil er die Ungerechtigkeit hasst. Aber auch Stoddard will nicht das bunte Leben von Shinbone zerstören, das er meint, für sich in der Ehe mit Hallie erhalten zu können. Er irrt sich.

*Dialektik der Aufklärung: Das Ende der Utopie*

Ford lässt die Seite des wilden Individuums ebenso wie die der disziplinierenden Gesellschaft „zu Bild" kommen. Damit formuliert er die Aufforderung, ein besseres Verhältnis zwischen Gesellschaft und Individuum zu schaffen. Das ist nicht unproblematisch: Die Tendenz der Gesellschaft ist es, Frieden, Harmonie und Stabilität durch Ordnung zu sichern. Dazu benutzt sie Moral, Ritual und Religion: Tradition. Die gesellschaftliche Tendenz zu Ordnung ist nützlich und notwendig, um gemeinsames Leben möglich und wert zu halten. Sie entspricht und entspringt einem Willen des Einzelnen, seinem Willen zur Sicherheit. Die gesellschaftliche Tendenz wird mit der zunehmenden Etablierung einer bestimmten Ordnung für die Menschen unbewusst. Sie erkennen die Ordnung an, ohne sie weiter daraufhin zu befragen, ob sie ihren ursprünglichen Sinn auch noch erfüllt. Die Ordnung verselbständigt sich, die Moral wird introjiziert. Der gesellschaftlichen Ordnung stehen individuelle Werte entgegen wie Originalität (gegen Traditionswissen), Leidenschaftlichkeit (gegen eingespielte Verhältnisse), Geltungsdrang (gegen geordnete Hierarchie), Eigensinn (gegen Immer-schon-dagewesenes) und Vernunft (gegen Glauben). Diese Werte sind Motive für das Tätigwerden der Menschen, mithin für die Funktionsfähigkeit der Gesellschaft unabdingbar nützlich und notwendig. Die Tendenz der Gesellschaft zur Ordnung und die antisozialen Werte der Individuen stehen dadurch in einer Auseinandersetzung, die nicht durch die

Einrichtung einer „idealen" Gesellschaft gelöst werden kann. Die Auseinandersetzung muss fortgeführt werden.

Anders als Brecht sieht John Ford eher wie Goodman die Lösung nicht in einer „idealen" Ordnung, die Ford und Goodman beide für unmöglich halten, sondern in einer für Veränderung, für Bewegungen von Individuum und Gesellschaft offenen Ordnung.

## Zitate

*„Dies ist der Westen, mein Herr. Wenn die Legende zur Tatsache geworden ist, drucken wir die Legende.“*

Der Chef der örtlichen Zeitung zu Senator Stoddard,
nachdem dieser ihm und einem Reporter die Wahrheit
über „den Mann, der Liberty Valance erschoss“ berichtet hat.

*„Der Knast hat nur eine Zelle und die Schlösser sind 'putt. “*

Begründung von Sheriff Link Appleyard, warum er
Liberty Valance und seine Leute nicht verhaften könne.

*„Die ganzen Gesetzbücher bedeuten dir viel, aber hier draußen regelt der Mann seine eigenen Angelegenheiten. “*

Tom Doniphon zu Ransom Stoddard

*„Dies alles war mal Wildnis. Jetzt ist es ein Garten. Bist du nicht stolz?“*

Hallie zu ihrem Mann, Senator Ransom Stoddard,
als sie anlässlich von Tom Doniphons Tod
nach Shinbone zurückkehren

# Open Range – Weites Land

Kevin Costner

gesehen von Michael von Prollius

## Filmthema

Western: Wiederherstellen des Rechts der Freiheit durch bürgerliche Selbstermächtigung und Selbstjustiz gegen einen Tyrannen.

## Bedeutung

Klassische politikökonomische Konflikte verbergen sich hinter den eindrucksvollen Bildern von Landschaft, Personenportraits und einem fulminanten Showdown. Der Konflikt zwischen Rule of law und Rule of men lässt sich historisch aufarbeiten und zeigt die fatalen Folgen eines Interventionismus, der durch mangelnde Anerkennung von Privateigentum und die Privilegierung einer Personengruppe zum Konflikttreiber wird.

# Regisseur und Darsteller

Erscheinungsjahr: 2003

Regie: Kevin Costner

| Darsteller | Filmfiguren |
| --- | --- |
| Robert Duvall | Boss Spearman |
| Kevin Costner | Charley Waite |
| Annette Bening | Sue Barlow |
| Michael Gambon | Denton Baxter |

# Interpretation:

# Western von gestern für Freiheit von morgen

*„Ein Mann hat das Recht, sein Eigentum und sein Leben zu schützen".* Diese Worte des Viehherdenbesitzers Boss Spearman, gespielt von Robert Duvall, bilden den Dreh- und Angelpunkt des Westerns „Open Range - Weites Land" aus dem Jahr 2003. Freiheit und Verantwortung – Schutz von Leib, Leben und Eigentum – Gerechtigkeit durch Selbstjustiz sind es, die Boss Spearman und sein langjähriger Wegbegleiter Charley Waite, gespielt von Kevin Costner, verkörpern. Angesichts des Versagens staatlicher Ordnungsmacht stellen die beiden Freegrazer (Cowboys, die von Rinderherden leben, die sie durch freies Land treiben) die Ordnung der Freiheit mit Gewalt für sich und das Dorf Harmonville wieder her. Dazu müssen sie sich gegen den korrupten Marshall und einen die Stadt tyrannisierenden Großgrundbesitzer durchsetzen, den irischen Rinderbaron Denton Baxter. Zugleich fordern sie Gerechtigkeit ein für die Ermordung und Misshandlung ihrer beiden Begleiter Mose und Button. Boss Spearman bemerkt: *„Wir wollen Gerechtigkeit, nicht*

*Rache. Das sind zwei unterschiedliche Dinge."* Charley Waite antwortet: *„Nicht heute, sind sie nicht."* Der Herrschaft des Rechts als Recht der Freiheit und Gleichheit vor dem Gesetz wieder zur Gültigkeit zu verhelfen, führt mangels konfliktlösender staatlicher und zivilgesellschaftlicher Institutionen zum Einsatz von Waffengewalt, die sich in einem realistischen Showdown entlädt, bei dem sich die verängstigten Dorfbewohner auf die Seite der Freegrazer schlagen und in blutiger Lynchjustiz die Reste von Baxters Bande töten.

### Rule of law durch Rule of men?

Der 1882 in den Great Plains spielende Film zeigt ein libertäres Spannungsfeld auf: den prekären Schutz des Rechts ohne Gewaltmonopol in der Grauzone einer teils öffentlichen, teils privaten Gewaltordnung. So wird die öffentliche Institution der Rechtsdurchsetzung (der Marshall mit seinen Hilfskräften) zunächst von dem reichsten Siedler und rücksichtslosesten Bürger usurpiert, dann für die Lösung eines privaten Konflikts missbraucht und schließlich gewaltsam durch zwei moralisch vorbildliche Helden wiederhergestellt; einer von ihnen besitzt eine düstere, kriminelle Vorgeschichte. Das Happy End bestätigt den libertären Optimismus: Das Gute setzt sich durch das Handeln Einzelner durch, der Gewaltwettbewerb funktioniert, die Freiheit triumphiert. Die Opferzahlen und Kollateralschäden sind allerdings erheblich. Boss Spearmann sagt: *„Ich will Baxter töten und die, die das getan haben. Und wenn mir der Marshall in den Weg kommt, dann werde ich auch ihn töten. Also überleg es dir gut, was zu tun ist, Charlie."* Charley Waite antwortet: *„Ich hab kein Problem mit Töten, Boss. Hatte ich nie."*

Die nachfolgend beleuchteten Hintergründe solcher im „Wilden Westen" historisch tatsächlich verbreiteter Konflikte sind komplexer und gehen tiefer, als der grandios gefilmte nostalgische Western auf einen ersten Blick zeigt.

*Klassische Western-Erzählung*

Regisseur Kevin Costner knüpft mit „Open Range" an das klassische Western-Genre an, das von John Wayne idealtypisch personifiziert wird, und gewann 2004 den Western Heritage Award. Im Rahmen der Besiedlungsgeschichte des amerikanischen Westens im 19. Jahrhundert kämpfen in Western gute, rechtschaffende Helden gegen skrupellose Bösewichter und siegen regelmäßig im Showdown auf der Hauptstraße. Ein dominierender Erzählstrang, gleichsam die Moral der Geschichten, ist die gewaltsame Erneuerung einer Gesellschaft und Wiedererrichtung einer gleichermaßen guten wie vitalen zivilen Ordnung nach ihrer Zerrüttung. Das bürgerliche Gemeinwesen wird von einem uneigennützig handelnden Helden gegen den Usurpator wieder hergestellt, der seine persönlichen Macht- und Profitinteressen auf Kosten anderer verfolgte. Hinter der actionreichen Handlung stecken also klassische politik-ökonomische Konflikte.

So verhält es sich auch bei „Open Range". Konfliktursache ist der selbstherrliche Allmachtsanspruch des Siedlers und größten Ranchbesitzers Denton Baxter, dem die vorbeiziehenden Freegrazer ein Dorn im Auge sind, weil sie das offene Weideland nutzen, auf das der Tyrann selbst Anspruch erhebt, und es seiner Ansicht nach überweiden.

Historisch betrachtet entstand offenes Land, nachdem die großen Bisonherden ausgerottet und die Indianer durch die Armee vertrieben worden waren; es reichte von Texas über Kansas bis Montana und Dakota. Zu gewaltsamen Auseinandersetzungen kam es dort vor allem zwischen Siedlern, die nach Westen vordrangen, und Viehtreibern, die ihre Herden durch offenes Land zu den nach Westen expandierenden Eisenbahnen trieben, um den bevölkerungsreichen Osten mit Schlachtvieh zu versorgen. Die Cowboys nutzen das offene Land, das keinen (privaten) Eigentümer hatte, um ihre Tiere zu weiden und zu tränken. Konflikte entstanden, weil das offene Land von Siedlern beansprucht wurde, die es später durch Zäune so eingrenzten, dass den Herden der Zugang zu Wasser und Weiden erschwert wurde. Derartige Konflikte konnten sich zu kriegsähnlichen Auseinandersetzungen steigern, darunter der Pleasant Valley War, der Mason County War und der Johnson County Range War.

*Historischer Hintergrund: Staatsversagen*

Zwei Faktoren, beide durch den Staat begründet, sind zentrale Konflikttreiber: erstens das Fehlen von Privateigentum, zweitens die Privilegierung von Siedlern. Die destruktive Landnutzungspolitik der Bundesstaaten variierte indes.

Nördlich von Texas war das offene Land im Bundesbesitz. Entlang der Bahnlinien bekamen die Eisenbahnunternehmen in einer Art Schachbrettmuster unzusammenhängendes Land geschenkt, mit dem ihre Tätigkeiten subventioniert und auf dem Schulen und andere öffentliche Einrichtungen gebaut wurden. Größere, zusammenhängende Landkäufe waren nur vom Staat möglich, der aber kein Land verkaufte oder nur unter der Auflage, dort zu wohnen. Die umherziehenden Viehhirten konnten das Land, das sie nach den Ureinwohnern als erste nutzten, also nach naturrechtlichem Verständnis durch Erstaneignung und Erstnutzung als ihr Eigentum begründet hatten, nicht kodifizieren oder kaufen. Ihre Gewohnheitsrechte ließen sich nicht mit Eigentumsrechten absichern. Ein naheliegender und (vermeintlich) billiger Ersatz für eine Konfliktlösung bei fehlenden Eigentumsrechten ist häufig Gewalt. Insofern steckt in dem weitgehend fiktiven Genre des an Schusswechseln reichen Western ein realer Kern.

*Private Bemühungen um Konfliktlösung*

Ein zivilgesellschaftlicher Lösungsversuch des Konflikts um das offene Land bestand darin, dass sich die Viehtreiber zu Vereinigungen zusammenschlossen. Die Vereinigungen regelten interne Konflikte, kodifizierten Regeln zum Schutz von Eigentum, dazu gehörten auch Brandzeichen, zudem gingen sie gemeinschaftlich gegen Viehdiebe vor. Die Vereinigungen ermöglichten Kostensenkungen durch Economies of scale, schufen Gesundheitschecks für Rinder, deren Versorgung mit Wasser und Futter an Bahnstationen organisiert wurde. Allerdings konnten – mangels Eigentum an den genutzten Weideflächen – Konflikte mit ebenfalls durchziehenden Schafhirten nicht gelöst werden. Ungelöst blieben auch die Auseinandersetzungen mit eindringenden Siedlern, die zunehmend das offene Land okkupierten, ohne die Viehtreiber zu kompensieren.

Zu einer zivilgesellschaftlichen Lösung kam es nicht. Das erstaunt, hat doch Elinor Ostrom aufgezeigt, wie weit verbreitet die Fähigkeit freier Bürger ist, kollektive Aufgaben im Rahmen freiwilliger Kooperation zu lösen. Ein maßgeblicher Grund des Kooperationsversagens ist in der selektiven Rechtsanerkennung der Regierung zu finden. Die staatliche Privilegierung der Siedler und Eisenbahnunternehmen diskriminierte die Viehtreiber, schuf Gewinner und Verlierer, und verhinderte eine zivilgesellschaftliche Lösung.

Anders in Texas: Dort gab es kein offenes Land, da alles Land, das nicht in Privatbesitz war, dem Staat Texas gehörte. Der verkaufte das Land in großen Parzellen und ermöglichte so eine weitreichende Privatisierung. Infolgedessen konnte das Land klar abgegrenzt und besser entwickelt werden. Das lag auch am Nutzen von Innovationen, darunter moderne Gewehre, Stacheldraht (der Cowboys überflüssig machte) und Windmühlen genauso wie teurere importierte Rinder. Die Konflikte verschwanden fast völlig. Das offene Weideland wurde in Ranches umgewandelt, die später durch den Verkauf an Siedler zu produktiveren Farmen wurden. Der Verkauf erfolgte zu beider-, wenn nicht allseitigem Vorteil, weil besonders gutes Farmland an Siedler verkauft wurde, der Zugang zur Wasserversorgung erhalten blieb und der Bodenwert der verbliebenen Ranches stieg. Eigentum schützte vor Konfliktbildung und beugte Gewaltausbrüchen vor.

*Privateigentum besitzt überragende Bedeutung für Frieden und Freiheit*

Im Film „Open Range" wird bemerkenswerterweise das offene Land als ungeeignet und dem Privateigentum unterlegen angesehen. Ausgerechnet der Viehbaron Baxter bringt das Argument vor, das offene Land werde wegen der Überweidungsgefahr unzweckmäßig und überdies unrechtmäßig genutzt. Angemerkt sei, dass Murray N. Rothbard darauf hinwies, Regulierungsversagen respektive Interventionismus habe infolge einer Übernutzung der Flächen zur Naturzerstörung der Open Range geführt, durch die die große Dust bowl entstanden sei (die Staublandschaft mit der großen Dürre der 1930er Jahre). Selbst die Freegrazer Boss Spearman und Charly Waite beschließen, sich niederzulassen und das Leben in der Open Range nach dem Verkauf der Herde aufzugeben. Spearman kauft sich einen Gasthof, Charley entscheidet sich für ein Familienleben mit Sue Barlow, der Schwester des Dorfarztes, und wird Anteilseigner am Gasthof. Das Kapital stammt vom Verkauf der Rinder. Passend dazu lautet der letzte Satz des Film: „*Na los, holen wir uns unsere*

*Herde.*" Privateigentum ist also die Lösung und die Losung von „Open Range".

Wer darüber hinaus ein filmisches Plädoyer für das Privateigentum sucht, das die Grundlage für individuelle Initiative und Selbstverantwortung sowie die Familie als alternativlose Einheit einer Gesellschaft bildet, der findet es in dem Western „Der Mann vom großen Fluß" (Originaltitel Shenandoah, 1965) James Stewart spielt die Hauptrolle. In dem Bürgerkriegsepos bringt der Protagonist einen amerikanischen Gründungsethos zum Ausdruck: *„Wir haben niemals etwas vom Staat gefordert und niemals etwas von ihm erwartet."*

## Western und Werte

Der sogenannte „Wilde Westen" wurde in Filmen umgedeutet zur Eroberung des Garten Edens. Tatsächlich haben Regierungsinterventionen und Korruption eine Geschichte der staatlich getriebenen Landspekulation und Vermachtung mit Privilegien nicht zuletzt für das Big Business ermöglicht. Nicht nur vor diesem Hintergrund lässt sich „Open Range" auch als moralische Mahnung betrachten, als Wiederbelebung von Werten wie Ehre und Würde, individuelle Freiheit und Privateigentum sowie Familie, die, wie zu zeigen sein wird, eine wegweisende Bedeutung besitzt.

Der vollständige, eingangs zitierte Ausruf von Boss Spearman lautet: *„Ein Mann hat das Recht, sein Eigentum und sein Leben zu schützen, und wir lassen uns beides weder von einem Rancher noch von einem Advokaten nehmen."* Der zweite Teil des Satzes deutet an, dass es über das fehlende Privateigentum hinaus an konfliktlösenden Institutionen mangelt. Staatlicherseits gilt das angesichts des korrupten Marshalls; der Bundesmarshall ist mehr als eine Woche entfernt und fällt als Lösungsinstanz für den sich zuspitzenden Konflikt aus. Für private Alternativen bietet der Film keinen Hinweis, vielmehr das Gegenteil: eine zerrüttete Bürgerschaft.

Zur Wiederherstellung des Rechts der Freiheit, das die Willkür des einen mit der Willkür des anderen unter allgemeinen Rechtsgesetzen regelt und sichert, bedarf es einer das Recht durchsetzenden Institution, die von einer Kultur der Freiheit getragen wird. Die Usurpation des Rechts und seine Durchsetzung durch einen Tyrannen, der nur noch das Recht des Stärkeren gelten lässt, ist das zentrale Problem, das es zu lösen gilt. Die anarchistische Freiheit funktioniert unter friedliebenden Menschen und droht sonst durch Gewalt unterdrückt zu werden oder zu entarten. Im Film kommt es so weit, dass der Großgrundbesitzer Denton Baxter das Dorf mit seinen Menschen als persönlichen Herrschaftsbereich ansieht und die Dorfbewohner zu verängstigt sind, um Widerstand zu leisten. Sein Gewaltmonopol wird erst durch die Ankunft der Viehtreiber herausgefordert. Zugleich bildet ihre Vertrauenswürdigkeit den Ansatzpunkt für eine Wiederherstellung der Bürgergesellschaft.

*Familie als Hort der Freiheit und des Friedens*

Es lohnt sich, zum Abschluss etwas auszuholen. „Open Range" basiert auf dem Roman „The Open Range Men" von Lauran Paine, den Kevin Costner im jugendlichen Alter las. Sein Drehbuchautor Craig Storper wollte einen Film über die Entwicklung von Gewalt im (Wilden) Westen konzipieren und wies auf die Idee des Films wie folgt hin: Die Protagonisten würden keine Gewalt suchen, aber der Gedanke des Westerns sei es, dass Gewalt zuweilen notwendig werde. – Ein Shootout, zumal so legendär gefilmt, ist ohnehin weitaus unterhaltsamer als das Unterzeichnen von Verträgen, vielleicht einmal abgesehen von der zum Schmunzeln animierenden Sequenz in „Thomas Crown ist nicht zu fassen". – So kommt es auch in „Open Range" zum typischen Kampf zwischen David und Goliath. Es ist das Narrativ des moralisch (ziemlich) einwandfreien David gegen den grenzenlos aggressiven Goliath, der nicht zögert, menschliche Schutzschilde im Gefecht zu nutzen. Angesichts der kauzigen (Anti-)Helden ist das ein filmisch gelungener Zug, genauso wie die implizite Forderung, Männern sollen handeln, nicht quatschen, dem Genre gerecht bleibt. Von leicht zu unterschätzender Bedeutung ist hingegen das hintergründige Narrativ der Familie, die das soziale Gefüge gegen die Destabilisierung eines Tyrannen verteidigt und rettet. Kritiker werden auf die idealisierte Welt und (vermeintlich) konservative Werte abzielen, in der die Protagonisten eigentlich sterben müssten, aber ein Happy End einschließlich einer spät gefundenen Liebe des Lebens Realität wird. Indes ist es eine frohe Botschaft, dass die Familienbewahrer als Gewinner des Konflikts um Privateigentum als Land hervorgehen. Denn die Stärkung der Familie als geradezu durchgängige, dominierende Botschaft des Westerns, die „Open Range" nostalgisch wiederbelebt, ist nicht nur eine zeitlose, sondern auch eine alternativlose Institution. So wendet sich das Blatt, als Dexter den Bewohnern droht, die Familien, die ihn nicht unterstützen, in die kalte Prärie zu vertreiben. Das ist das Signal für die Auflehnung gegen den Tyrannen, der zuvor seine Gewaltstruktur durch Untätigkeit respektive Unterstützung der Schweiger, Mitläufer und Angsthasen aufrechterhalten und legitimieren konnte.

In „Open Range" sind die Viehtreiber entgegen den Gepflogenheiten des Genres die Guten, deren Leben zwar romantisch verklärt wird, die aber Vertrauen genießen. Es sind diese Außenseiter, die im Schoss der Familie und des Dorfes ihr Heil finden und die zerrüttete Dorfgemeinschaft heilen. Das lässt sich nicht nur als konservative Werthaltung begreifen, sondern als uner-lässlicher Bestandteil einer Lösung des institutionellen Defizits. Der nächste Schritt wäre es, ein unabhängiges Schiedsgericht zu etablieren. Genug Stoff für eine Fortsetzung, die weniger etwas für Western-Fans als vielmehr etwas für Freiheits-Nerds wäre.

## Zitate:

*„Ein Mann hat das Recht, sein Eigentum und sein Leben zu schützen."*

Boss Spearmann

*„Das Vertrauen eines Menschen ist kostbar, Button. Du solltest es nicht wegen ein paar Karten auf's Spiel setzen."*

Boss Spearmann

Boss Spearmann: *„Wir wollen Gerechtigkeit, nicht Rache. Das sind zwei unterschiedliche Dinge."* Charley Waite: *„Nicht heute, sind sie nicht."*

# Das finstere Tal

Andreas Prochaska

gesehen von Remo Haufe

## Filmthema

Alpenwestern: Der Filmheld, Greider, kehrt Ende des 19. Jahrhunderts in das Alpenbergdorf zurück, in dem seine Eltern Opfer eines gewaltsamen Rituals wurden, und möchte Rache üben. Dabei tarnt er sich zunächst als einfacher Fotograf, der eine Unterkunft für den Winter sucht, und rächt sich anschließend sukzessive an der despotischen Familie, die das Dorf beherrscht.

Das finstere Tal

## Bedeutung

Basierend auf dem von Thomas Willmann geschriebenen Roman "Das finstere Tal" thematisiert der Film die Erscheinungsform und Begleiterscheinungen autoritärer privater Machtausübung in einer Dorfgemeinschaft.

# Regisseur und Darsteller

Erscheinungsjahr: 2014

Regie: Andreas Prochaska

| Darsteller | Filmfiguren |
|---|---|
| Sam Riley | Greider |
| Tobias Moretti | Hans Brenner |
| Paula Beer | Luzi |
| Thomas Schubert | Lukas |

# Interpretation:

Autoritäre Machtstrukturen können in vielen Formen auftreten. In "Das finstere Tal" wird eine überschaubare Dorfgemeinschaft im Alpengebirge durch sechs Brüder und ihren kranken Vater, den Brenner-Bauer, beherrscht. Die Dorfgemeinschaft hat sich mit dem Herrschaftssystem abgefunden und erträgt die Willkür der Tyrannen. *"Keiner spricht an, was da oben passiert, weil der sorgt auch für uns"*, sagt Greiders Gastgeberin lakonisch, als das Gespräch auf die Despoten kommt. Gewaltherrschaft ohne milde Gaben wäre nicht stabil. Der Film weiß das durch diesen Dialog zu vermitteln.

Im Hause der Gastgeberin lebt auch ihre Tochter, Luzi, die kurz vor ihrer Hochzeit mit Lukas steht. Die Stimmung des zukünftigen Ehepaares ist jedoch betrübt und der Bräutigam in spe mag gar nicht an die Hochzeit denken. Er fragt Luzi, ob sie das Dorf nicht verlassen wollen. Sie lehnt den Vorschlag jedoch ab.

Im Folgenden reitet Greider mehrfach aus, unter dem Vorwand, die Landschaft zu fotografieren. Als er sein Gewehr einpackt, ermahnt ihn Luzi, dass nur die Brenner-Familie im Tal Waffen tragen darf. Greider lässt sich davon jedoch nicht beirren und

44

führt sein Gewehr trotzdem mit. Es ist klar, welchem Zweck die Entwaffnung der Dorfbewohner dienen soll: Absichern der Herrschaft des Brenner-Bauern. Während seiner Ausritte stellt Greider zweien der Brenner-Brüder tödliche Fallen. Bei jeder Beerdigung kommt die gesamte Dorfgemeinschaft zusammen. Erst beim zweiten Todesfall wird klar, dass es sich um Morde handeln muss.

Trotz der Todesfälle findet die Hochzeit zwischen Lukas und Luzi statt. Bei der Vermählung wird die Braut von einem der Söhne des Brenner-Bauern zum Altar geführt und die Stimmung bei allen Anwesenden ist bedrückt. Die Rede des Priesters offenbart den Grund für die allgegenwärtige Verzagtheit: In der biblischen Geschichte hat nicht Joseph seine Frau Maria geschwängert, sondern Gott. Diese Handlung war gut, so der vor dem Altar aggressiv predigende Priester, da Gott besser wusste, was gut und recht ist. Joseph musste sich beugen, und so wird es auch Lukas ergehen, wenn er dem Brenner-Bauern das ius primae noctis, das Recht auf die erste Nacht mit der Braut, zugestehen muss. Eindringlich wird an dieser Stelle aufgezeigt, wie religiöse Autorität benutzt werden kann, um Despotismus zu rechtfertigen, und wie größenwahnsinnig Menschen mit absoluter Macht werden können (Gottvergleich).

Als die Söhne des Brenner-Bauern Luzi zu ihrem Vater für die Hochzeitsnacht abtransportieren wollen, stellt sich ihnen Greider in den Weg und entwaffnet sie. Er fordert sie, gewohnt wortkarg, zum Duell am nächsten Tag heraus und reitet mit Luzi zurück zur Dorfgemeinschaft, welche sich in einem Haus eingefunden hat. Anstatt Freude herrscht jedoch auch hier bedrückte Stimmung: *"Warum hast du denn die Luzi nicht gelassen?"* ist die einzige Frage, die gestellt wird. Als sich Greider daraufhin kommentarlos auf den Weg macht, wird ihm jedoch noch ein *"Danke"* nachgerufen. Nicht nur diese Szene zeigt, dass sich oftmals ausschließlich *direkt und neu* Unterdrückte offen gegen ein System wenden. Deshalb ist auch nur bei Lukas offensichtlich erkennbar, dass er sich einen Umsturz herbeisehnt.

Am nächsten Tag gelingt es Greider, die restlichen Despoten umzubringen. Eine Verletzung macht ihm in der Folge jedoch schwer zu schaffen, so dass er wochenlang fiebrig im Bett bei seiner Gastgeberin verbringen muss. Die Stimme aus dem Off, Luzi, erklärt, dass viele in der Bevölkerung Greider in dieser Zeit etwas antun wollten; unter anderem, weil der Brenner-Bauer in jeder Familie Nachkommen gezeugt hatte. Auch als Lukas Greider in einer Kutsche transportiert und an der Dorfgemeinschaft vorbeifährt, gibt es keinen Jubel sondern ausschließlich ernste Gesichter. *"Die Freiheit ist ein Geschenk, das sich nicht jeder gern machen lässt"*, kommentiert die Off-Stimme die Stimmung im Dorf etwas später.

*Perspektivische Bewertung*

Dem Film gelingt es durchweg, eine düstere Atmosphäre zu schaffen, die sich aus wenigen Dialogen, bedrückender melodischer Untermalung und einem allgemeinen Klima der Angst und Ungewissheit in der Bevölkerung zusammensetzt. Die verschneite Winterlandschaft ist der perfekte Spiegel des kalten zwischenmenschlichen Klimas im Dorf. Darüber hinaus schafft es der Film, illegitime Herrschaft in ihren elementaren Zügen zu illustrieren und darüber hinaus aufzuzeigen, welche Schwierigkeiten entstehen, wenn Menschen durch einen revolutionären Akt die Freiheit geschenkt wird. Das macht den Film trotz seiner Wortkargheit tiefsinnig und regt zum Nachdenken über die richtige Strategie für freiheitliche Ideen an.

Sollten Libertäre gewillt sein, mit einem einzigen Knopfdruck alle Invasionen in die individuelle Freiheit schnellstmöglich abzuschaffen? In der Bevölkerung könnte dieses Vorgehen mit gemischten Gefühlen betrachtet werden, und das konservative Element im Menschen könnte ihn die alten Zustände in neuer Form wieder herbeiführen lassen (wollen). Das entstehende Vakuum könnte erneut durch invasive Ideen und Handlungen gefüllt werden.

Über die Zeit nach dem Tyrannenmord stellt der Film keine Spekulationen an. Es bleibt zu hoffen, dass in Film und Realität die richtigen Schlüsse gezogen werden.

## Zitate

*"Da ist einer, der weiß besser als ich, was gut ist und was recht. Amen."*

Priester

*"Gesagt hat keiner was. Aber jeder hat gewusst, dass es viele gegeben hat, die ihn verjagen haben wollen."*

Luzi aus dem Off

*"Die Freiheit ist ein Geschenk, das sich nicht jeder gern machen lässt."*

Luzi aus dem Off

# Braveheart

## Mel Gibson

gesehen von Karl-Friedrich Israel

## filmthema

Historisches Kriegsdrama: Unabhängigkeitskampf der Schotten gegen England zum Ende des 13. und Anfang des 14. Jahrhunderts.

## Bedeutung

Der Film zeigt mehr als nur eine abgewandelte Geschichte des Kampfes der Schotten für Freiheit, Selbstbestimmung und Unabhängigkeit von der englischen Krone. Es sind die vom Streben nach Macht korrumpierten schottischen Edelleute selbst, denen sich Freiheitskämpfer William Wallace, der Anführer des Widerstandes aus dem gemeinen Volk, geschlagen geben muss. Obwohl sich die Schotten letztendlich ihre Unabhängigkeit von England erkämpfen können, bleibt doch die Warnung bestehen, dass die Freiheit nicht nur von außen gefährdet ist.

# Regisseur und Darsteller

Erscheinungsjahr: 1995

Regie: Mel Gibson

| Darsteller | Filmfiguren |
| --- | --- |
| Mel Gibson | William Wallace |
| Angus Macfadyen | Robert the Bruce |
| Patrick McGoohan | König Eduard I. |
| Sophie Marceau | Prinzessin Isabelle |

# Interpretation

*Was wirklich geschah*

Als im Jahre 1286 der schottische König Alexander III. verstarb, war seine Thronfolge ungeklärt. Die daraufhin entstandenen Unruhen machte sich der englische König Eduard I., genannt Edward Longshanks (Eduard Langbein), zunutze. Er versuchte seinen Einfluss in Schottland zu vergrößern, indem er John Balliol, einen von dreizehn Bewerbern auf den schottischen Thron, unterstützte. Der Versuch, ihn zu einem Vasallen des englischen Königshauses zu machen, war allerdings nicht von langfristigem Erfolg gekrönt. Er ließ Schottland im Jahre 1296, nach dem Tod Balliols, durch Stadthalter besetzen und regieren. Die Aufstände unter Führung von William Wallace und Robert Bruce konnte er nicht erfolgreich unterdrücken. Schottland entglitt in der Folgezeit zunehmend der englischen Kontrolle. Zwar wurde Freiheitskämpfer William Wallace im August 1305 in London hingerichtet, doch nur zwei Jahre später verstarb Longshanks auf einem Feldzug gegen Robert Bruce in Burgh by Sands in der Grafschaft Cumberland.

Nach einem mehrjährigen Guerillakrieg erlangten die Schotten unter Führung von Robert Bruce schließlich einen entscheidenden Sieg in der bedeutenden Schlacht von Bannockburn im Jahre 1314 gegen ein deutlich größeres englisches Herr unter Führung von Longshanks Sohn, Eduard II.

*Eine Geschichte von Machtstreben und menschlicher Schwäche*

Diese Episode aus der schottischen Geschichte wird in Mel Gibsons historischem Kriegsdrama „Braveheart" aufgegriffen und für die Leinwand dramaturgisch abgewandelt. Im Mittelpunkt steht der schottische Volksheld William Wallace, gespielt vom Regisseur selbst. Wallace führt den Unabhängigkeitskampf des gemeinen schottischen Volkes an und versucht nach der siegreichen Schlacht von Stirling vergeblich, die schottischen Edelleute hinter sich zu bringen, um die überlegenen Streitkräfte der Engländer mit vereinten Kräften endgültig zu schlagen. Unter ihnen ist auch Robert the Bruce, 17. Earl of Bruce und Anwärter auf die schottische Krone, gespielt von Angus Macfadyen.

Bruce ist der wahrscheinlich nuancierteste Charakter in einer sonst gradlinigen Erzählung. Er ist gespalten zwischen dem Machtstreben seines leprakranken Vaters, dessen letzter Wille es ist, seinen Sohn auf dem schottischen Thron zu sehen, und einer tiefen Bewunderung für William Wallace und dessen Aufopferung und Prinzipientreue.

Bruce fällt Wallace in der entscheidenden Schlacht von Falkirk in den Rücken. Aus Angst vor einer Niederlage gegen Longshanks bricht er sein Wort, stellt sich auf die Seite der Engländer und hofft, auf diese Weise den Thron Schottlands besteigen zu können. Longshanks hat in seiner List aber auch andere Edelleute, die ebenfalls auf den Thron schielen, mit Ländereien und Titeln bestochen, und so ziehen auch sie nicht in den Kampf. Bruce hat sein Wort gebrochen und doch bleibt die Thronfolge ungeklärt. Wallace überlebt die Schlacht und der reuige Bruce versucht, ihn mit aller Mühe und ehrlicher Absicht zu einem Treffen mit dem schottischen Adel in Edinburgh zu bewegen, um Schottland nun doch zu vereinigen. Allen Warnungen seiner Gefolgsleute zum Trotz geht Wallace nach Edinburgh, wo er durch eine Intrige des Vaters gegen den Willen von Bruce an den schon im Sterben liegenden Longshanks nach London ausgeliefert wird.

Wallace wird in London öffentlich gefoltert. Um den Schmerzen zu entgehen und die Gnade eines schnellen Todes zu erhalten, wird er aufgefordert, öffentlich um Vergebung zu bitten. Sein letztes Wort ist aber kein Ruf nach Vergebung, sondern nach: *„Freiheit!"* Er stirbt als ungebrochener Held, der den Wert der Freiheit über alles stellt.

Bruce, voller Hass für seinen sterbenden Vater und Ehrfurcht vor dem gestorbenen Wallace, lässt sich nicht zum Vasallen des englischen Königs machen, wie es für ihn vorgesehen war, sondern führt die restlichen schottischen Streitkräfte in der Schlacht bei Bannockburn zum Sieg und zur Freiheit.

Dem aufmerksamen Zuschauer kann allerdings nicht entgehen, dass die Machtbestrebung des englischen Königshauses nicht die einzige Bedrohung der Freiheit des schottischen Volkes war. Die tiefe Tragik des Films liegt im Verrat des schottischen Adels an ihren eigenen Landsleuten. Die Lust zu beherrschen, die *Libido dominandi*, hindert sie daran, sich schützend vor das gemeine Volk zu stellen. Der einzigen moralischen Rechtfertigung ihrer Privilegien innerhalb einer feudalen Ständeordnung, wie Wallace treffend formuliert, werden sie nicht gerecht: *„Ihr seid so sehr damit beschäftigt, euch um Longshanks Abfälle zu balgen, dass ihr darüber euer Gott gegebenes Recht auf Besseres verwirkt. Zwischen uns besteht ein*

*Unterschied: Ihr denkt, es gibt die Menschen dieses Landes nur, damit sie euch zu eurem Stand verhelfen; ich denke, es gibt euren Stand nur, damit ihr den Menschen hier zur Freiheit verhelft – und ich werde dafür sorgen, dass sie sie bekommen."*

## Verstand über Gewalt

Der Film beginnt inmitten der Unruhen nach dem Ableben des schottischen Königs, Alexander III. William ist gerade einmal acht Jahre alt. Sein Vater, Malcom Wallace, ein Gemeiner mit eigenem Land, zieht in den Kampf gegen die Engländer, nachdem Longshanks eine Gruppe schottischer Edelleute zu Verhandlungen über einen Waffenstillstand unter Parlamentärflagge versammeln und umbringen ließ.

William ist fest entschlossen, dem Vater und dem älteren Bruder in den Kampf zu folgen. Eindringlich redet der Vater auf den Jungen ein, der beteuert, dass er kämpfen könne. Mit den letzten Worten, die William von seinem Vater hört, wird ihm eine Lebensweisheit mit auf den Weg gegeben: *„Ich weiß, dass du kämpfen kannst. Aber es ist der Verstand, der Männer aus uns macht."* Es kommt also nicht auf bloße Kampfeslust und blinden Mut an, sondern auf den Verstand und das rechte Maß.

Nachdem Vater und Bruder im Kampf fallen, nimmt sich Onkel Argyle des Jungen an. Doch er wird die weisen Worte seines Vaters nie vergessen!

## Ein Lob auf das einfache Leben

Der erwachsene William, der durch seinen Onkel eine klassische Ausbildung genossen hat, Latein und Französisch spricht und Pilgerfahrten durch Kontinentaleuropa unternommen hat, entscheidet sich, in sein Heimatdorf in Schottland zurückzukehren. Der Konflikt zwischen dem gemeinen schottischen Volk und den englischen Edelleuten in den besetzten Gebieten entflammt aufs

Neue, als Longshanks eine alte Sitte wieder aufleben lässt, das *Ius primae noctis*, das Recht der ersten Nacht. Wann immer ein gemeines schottisches Mädchen vermählt wird, so soll der jeweilige Gutsherr das Recht erhalten, sie in der ersten Nacht in sein eigenes Bett zu führen. Auf diese Weise erhofft sich Longshanks mehr englische Lords von der skrupellosesten Sorte nach Schottland zu locken und langfristig die Kontrolle über das schottische Volk zu festigen.

Als die Clanführer William zu einer geheimen Zusammenkunft holen wollen, um die Auflehnung gegen die Engländer zu besprechen, lehnt dieser ab: *„Ich bin heimgekehrt, um die Felder zu bestellen und, so Gott will, eine Familie zu gründen. Ich möchte nur in Frieden leben."* Er will sich aus dem Streit heraushalten und sich um seine eigenen Angelegenheiten kümmern. Damit folgt er dem einfachsten, aber zumeist leider nicht hinreichenden, Grundsatz eines friedlichen und freien Miteinanders, und gleichsam den weisen Worten seines Vaters.

Er heiratet seine große Liebe Murron heimlich, weil er sie nicht mit einem englischen Lord teilen will. Als ein englischer Soldat versucht, sie zu vergewaltigen, kann William sie zunächst befreien und entkommt selbst den anderen Soldaten. Murron wird jedoch gefangen genommen und vom Sheriff öffentlich durch einen Kehlschnitt hingerichtet. Damit wird der Streit nun auch zu Williams Angelegenheit. Das einfache und redliche Leben mit Frau und Kindern, nach dem er sich sehnte und für das er heimkehrte, wurde ihm genommen.

*Über Vergeltung, Verhältnismäßigkeit und Gerechtigkeit*

Wallace kehrte, trotz aller Widrigkeiten, mit guten Absichten in seine Heimat zurück. Er wollte nichts weiter, als Konflikten aus dem Weg gehen und, so gut es eben möglich war, ein einfaches

Leben in Frieden führen. Erst als die englischen Besatzer sein Leben bedrohen und seine Frau Murron hinrichten, schlägt Wallace zurück. Mit Unterstützung der aufgebrachten Clanbrüder nimmt Wallace die englische Garnison ein und übt Vergeltung am Sheriff: Er bringt ihn durch einen Kehlschnitt um. Das Recht auf körperliche Unversehrtheit, oder genauer, das Recht am eigenen Körper, das Murron auf abscheuliche Weise genommen wurde, hat der Sheriff verwirkt. Auch dem Prinzip der Verhältnismäßigkeit wird bei der Vergeltung Genüge getan: Nur in dem Maße, in dem man die Rechte anderer verletzt, verwirkt man die eigenen Rechte. Wallace foltert den Sheriff nicht zu Tode, sondern nimmt ihm das Leben, so wie dieser Murrons Leben nahm.

Nachdem benachbarte Clans von dem Aufstand erfahren, eilen sie herbei und bieten ihre Hilfe an. Auch hier bleibt Wallace noch seinem Ideal der Konfliktvermeidung treu und rät den Clans sich aus der Sache herauszuhalten. Doch es ist klar, dass einem größeren militärischen Konflikt nicht mehr aus dem Weg zu gehen ist. Auch Wallace ist bald nicht mehr bereit, Kompromisse einzugehen.

### Über den Wert der Freiheit

Wallace vereinigt eine große Zahl der schottischen Clans und führt sie ohne Unterstützung des Adels in die Schlacht von Stirling. Vor der Schlacht treffen sich die Gesandten beider Heere unter Parlamentärflagge, um eine friedliche Lösung auszuhandeln. Wallace mischt sich ein: *„So lautet Schottlands Angebot: Senkt eure Fahnen und marschiert gradewegs nach England. Haltet an jedem Haus und bittet um Vergebung für hundert Jahre Raub, Mord und Vergewaltigung. Tut das - und eure Männer werden leben ... tut es nicht - und keiner wird dieses Feld lebend verlassen.“* Und er fährt fort: *„Bevor wir euch zu gehen erlauben, wird sich euer Heerführer vor diesem*

*Heer [dem schottischen] aufstellen, seinen Kopf zwischen den Beinen durchstecken und sich den Arsch lecken."*

Über die Verhältnismäßigkeit und das Konfliktvermeidungspotenzial der letzten Forderung lässt sich sicherlich streiten. Aber Wallace ist klar, dass jede Einigung mit England nur eine fortlaufende Beschränkung der Freiheit des schottischen Volkes bedeuten kann. In einer brennenden Rede befördert er den Kampfgeist seiner Soldaten, die er mit den Worten schließt: *„Sie mögen uns das Leben nehmen, aber niemals nehmen sie uns unsere Freiheit!"*

## Ein Wink des Schicksals

Wallace gewinnt die Schlacht von Stirling und nimmt kurze Zeit später die Stadt York ein, die Ausgangspunkt jedes Angriffes der Engländer auf Schottland war. Longshanks sendet die Gemahlin seines Sohnes, die französische Prinzessin Isabelle, nach York, um Wallace ein Angebot zu unterbreiten. Er lehnt Titel und Ländereien im Tausch für einen Waffenstillstand ab. Ohne das Wissen der Prinzessin hatte Longshanks zeitgleich Truppen aus Frankreich, Irland und Wales nach Edinburgh berufen, um Wallace in den Rücken zu fallen. Als die Prinzessin dies erfährt, schickt sie ihre persönliche Eskorte, um Wallace, von dem sie zutiefst beeindruckt ist, zu warnen. Trotz der Warnung kann Wallace aufgrund des verräterischen schottischen Adels die anstehende Schlacht von Falkirk nicht gewinnen.

Nachdem Wallace von den schottischen Edelleuten ausgeliefert wird, fleht die Prinzessin den im Sterben liegenden Longshanks vergeblich um das Leben des Helden an. Daraufhin flüstert sie dem Tyrannen, der bereits die eigene Stimme verloren hat, zu: *„Seht Ihr, der Tod kommt zu uns allen. Doch bevor er kommt und Euch holt, hört gut zu: ein Kind wächst in meinem Leib heran, das nicht von*

*Eurem Stamm ist."* Longshanks, der mit dem *Ius primae noctis* versuchte, das schottische Volk herauszuzüchten, muss nun erfahren, dass sein Stamm mit ihm und seinem homosexuellen Sohn, Eduard II., enden, und an seine Stelle der Stamm Wallace treten wird.

## Zitate

*„Sie mögen uns das Leben nehmen, aber niemals nehmen sie uns unsere Freiheit!"*

William Wallace vor der Schlacht von Stirling

*„Geschichte wird von jenen geschrieben, die ihre Helden gehängt haben."*

Robert the Bruce als Erzähler zu Beginn des Films

*„Ich weiß, dass Du kämpfen kannst. Aber es ist der Verstand, der Männer aus uns macht."*

Williams Vater zu William

*„Ihr seid so sehr damit beschäftigt euch um Longshanks Abfälle zu balgen, dass ihr darüber euer Gott gegebenes Recht auf Besseres verwirkt. Zwischen uns besteht ein Unterschied: Ihr denkt, es gibt die Menschen dieses Landes nur, damit sie euch zu eurem Stand verhelfen; ich denke, es gibt euren Stand nur, damit ihr den Menschen hier zur Freiheit verhelft - und ich werde dafür sorgen, dass sie sie bekommen."*

Wallace zu den schottischen Edelleuten, die sich um die Thronfolge streiten

# V wie Vendetta

James McTeigue

gesehen von Andreas Tögel

## Filmthema

Futuristischer Freiheitskampf und persönlicher Rachefeldzug (italienisch vendetta) eines Einzelnen gegen einen autoritären Staat, der sich im London der 2030er Jahre zuträgt und einen gesellschaftlichen wie politischen Umsturz vorbereitet.

## Bedeutung

Die Verfilmung des gleichnamigen Comics spielt im dystopischen London der 2030er Jahre und greift die Verschwörung zu Anfang des 17. Jahrhunderts unter Führung von Guy Fawkes auf. Die Auflehnung eines Einzelnen gegen ein totalitäres Regime zieht den Aufstand des Volkes gegen die Diktatur nach sich.

## Regisseur und Darsteller

Erscheinungsjahr: 2005

Regie: James McTeigue

| Darsteller | Filmfiguren |
| --- | --- |
| Natalie Portman | Evey Hammond |
| Hugo Weaving | V |
| Stephen Rea | Chief Inspector Eric Finch |
| John Hurt | Großkanzler Adam Sutler |
| Stephen Fry | Gordon Deitrich |
| Rupert Graves | Detective Dominic Stone |

## Interpretation

*Remember, remember the fifth of November,*
*gunpowder, treason and plot,*
*I know of no reason why gunpowder treason*
*should ever be forgot.*
*Guy Fawkes, Guy Fawkes,*
*'twas his intent*
*to blow up the King and the Parliament.*
*Three score barrels of powder below,*
*Poor old England to overthrow:*
*By God's providence he was catch'd*
*With a dark lantern and burning match.*
*Holloa boys, holloa boys, make the bells ring.*
*Holloa boys, holloa boys, God save the King!*
*Hip hip hoorah!*

Noch heute wird in Großbritannien an jedem fünften November, in der sogenannten „Bonfire-Night", jenes Ereignisses im Jahre

1605 gedacht, das Grundlage und Ausgangspunkt des vorliegenden Filmdramas bildet. Die Rahmenhandlung des Films bildet nämlich der in jenem Jahr im letzten Moment vereitelte Sprengstoffanschlag („Gun powder plot") katholischer Verschwörer unter Führung von Guy Fawkes auf das Londoner Parlamentsgebäude. Mittels einer gewaltigen, in den Tagen zuvor in die Keller des Hauses verbrachten Schwarzpulver-sprengladung sollten der protestantische König Jakob I. sowie das an diesem Tage hier versammelte Ober- und Unterhaus auf einen Schlag ausgelöscht werden. Im Falle seines Gelingens hätte der Coup das Land mit Sicherheit schwer erschüttert und in eine veritable Staatskrise gestürzt. Zur Feier des Umstands, dass der Anschlag auf die politische Elite – aufgrund eines Verrats aus den Reihen der Verschwörer – mit einem Fiasko endete, werden bis heute landesweit Freudenfeuer abgebrannt. Es ist eine zweifellos beachtliche Leistung der Obertanen, sich Liebe und Bewunderung der Beherrschten bis in unsere Tage herauf bewahrt zu haben.

*Film-Plot und Anspielungen auf Tatsachen*

Die eigentliche Handlung des Films spielt rund 400 Jahre später, in einem totalitär regierten England der 2030er-Jahre. Ein stets und ausschließlich maskiert auftretender Anarchist, der von der erzreaktionär-bigotten Regierung, die unter zum Teil über-deutlichen Anspielungen auf die damals im Amt befindliche US-Administration unter George W. Bush gezeichnet ist, wird als Terrorist gejagt, nachdem er das altehrwürdige Londoner Strafgerichtsgebäude, „Old Bailey", gesprengt und das Regime von seiner Urheberschaft für diesen Coup überzeugt hat.

Die dem Regime dienenden, als „Fingermänner" bezeichneten Schergen der geheimen Staatspolizei gehen mit äußerster Bruta-lität gegen selbst kleine Regelübertretungen vor, wie etwa einen Verstoß gegen das „zur Sicherheit der Bevölkerung" verhängte nächtliche Ausgehverbot. Die beiden Helden des Films lernen einander kennen, als Evey während der Ausgangssperre (sie ist aufgrund eines Versehens zu spät noch unterwegs) eine bedrohliche Begegnung mit „Fingermännern" hat und von dem ihr zunächst einigermaßen unheimlichen Helden des Films vor deren Nachstellungen gerettet wird. Die Schergen des Regimes machen unverhofft mit den beeindruckenden Kampfkünsten des unerschrockenen Mannes Bekanntschaft und überleben dessen Attacke nicht.

Dieser Mann, der sich seiner in der Folge zunächst unfreiwilligen Mitstreiterin Evey als „V" vorstellt, bereitet die Verwirklichung des einst von Guy Fawkes erdachten Plans vor, das Parlamentsgebäude in die Luft zu jagen. Die eigentliche Ausführung der Tat liegt zu guter Letzt allerdings in den Händen der zarten Evey.

Der „Terrorist" V, die Reinkarnation des *„einzigen Menschen, der das Parlament je in ehrbarer Absicht betrat"* (sic!) sorgt im spektakulären Finale des Steifens für einen überaus gelungenen, pyrotechnischen Höhepunkt: Nie zuvor wurde Big Ben auf eindrucksvollere Weise in seine Bestandteile zerlegt.

*Würdigung: Polit-Thriller, nicht Actionfilm*

Unter der Regie von James McTeigue nach dem Buch von Andy und Larry Wachowski („Matrix") – basierend auf einer Comic-Vorlage von Alan Moore – entstand einer der sowohl interessantesten, als auch widersprüchlichsten Polit-Filmdramen der letzten Jahre.

Mit Natalie Portman als Partnerin des von Hugo Weaving gespielten, stets maskiert auftretenden Helden ist die Rolle der zunächst harmlosen weiblichen Hauptfigur des Films perfekt besetzt. Zierlich und zerbrechlich wirkend, aber durch Ereignisse in ihrer Kindheit mental abgehärtet (sie musste zusehen, wie die brutalen Büttel des Regimes ihre Eltern verschleppten, die sie danach nie mehr wiedersieht), wird sie am Ende zur entschlossenen Vollstreckerin des Plans von V.

Dass die Film-DVD in einschlägigen Fachgeschäften unter „Action" und nicht etwa unter „Drama" oder „Polit-Thriller" zu finden ist, verdankt sie wohl der Tatsache, dass die enthaltenen Kampfszenen („V" zeigt darin seine geradezu atemberaubende Virtuosität im Umgang mit Blankwaffen) und auch die beiden bereits genannten, gelungenen pyrotechnischen Einlagen eine Einordnung in dieses Genre erlauben.

Die Rezeption in der Fachpresse ist durchwachsen: So urteilt etwa die Berliner Zeitung: *„Die Wachowski-Brüder und ihr Regisseur James McTeigue haben aus dem Comic eine wunderbar düsterbunte Anarcho-Fantasie gemacht [...]. Auch wenn über Orwelliaden wie diese die Zeit hinweggegangen ist: in seiner Detailtreue und dialektischen Klugheit ist V WIE VENDETTA die beste Comic-Verfilmung seit langem."*

„Cinema" schreibt, dass V wie Vendetta eine *„werkgetreue Verfilmung von Alan Moores Kultcomic wäre, die gelegentliche Geschwätzigkeit durch Stilsicherheit und Radikalität kompensiert"*.

Das Lexikon des internationalen Films meint, V wie Vendetta sei eine *„optisch wie inszenatorisch effektsichere Verfilmung eines populären Comic Strips, die in der Rechtfertigung des terroristischen Befreiungskampfs freilich nicht gerade subtile Töne anschlägt"*.

„Filmstarts" urteilt: *„Aus einem mittelmäßigen Drehbuch machen alle Beteiligten (und zu denen gehört immerhin ein Teil der britischen Schauspielerelite, die sich für Nebenrollen hier nicht zu schade ist) noch das Beste. Ein echter Blockbuster wird „V wie Vendetta" vielleicht nicht werden, aber als Comicverfilmung macht der Streifen eine solide Figur."*

Die libertäre Szene in den USA zeigt sich entzückt über die vermeintlich anarchische Botschaft des Films: Jede Form der Macht von Menschen über Menschen ist von Übel, so diese Interpretation der Handlung. Der Held triumphiert – wenn auch erst postum – über die Gewaltherrschaft. *So* kann man es durchaus sehen.

Allerdings lässt sich der in schauspielerischer und technischer Hinsicht perfekt gemachte Film, in dem selbst Nebenrollen hochkarätig besetzt sind, auch durchaus anders ausdeuten.

*Triebkräfte des Kampfes gegen die Staatsführung*

Der mit geradezu übermenschlichen Fähigkeiten im Umgang mit Blankwaffen ausgestattete Held war einst selbst ein Opfer skrupelloser Machenschaften einer Regierungsbehörde. Offensichtlich wurde er – auf Anweisung der Regierung – von eiskalt und mitleidlos agierenden Wissenschaftlern zusammen mit einer größeren Anzahl von Leidensgenossen als menschliche Laborratte zur Entwicklung eines Medikaments missbraucht. Der Vergleich mit einschlägigen Vorkommnissen unter der Fuchtel der deutschen Nationalsozialisten oder der japanischen Imperialisten in den 1930er und 1940er Jahren drängt sich geradezu auf.

Anders als seine Schicksalsgenossen überlebt „V" jedoch die Tortur, wenn auch für sein restliches Leben schwer gezeichnet. Nun, in Freiheit, schreckt er bei der Verfolgung seines Rachefeldzuges vor nichts zurück; nicht einmal davor, ein anderes Opfer des Regimes, ja sogar einen von ihm geliebten Menschen, nämlich Evey, bis an den Rand der totalen Persönlichkeitszerstörung psychisch zu foltern. Das hat mit dem fundamentalen libertären Anspruch auf Nicht-Aggression rein gar nichts zu tun, sondern entspricht lediglich der pragmatischen

Einschätzung des männlichen Protagonisten. Diese lautet offensichtlich: Der Zweck heiligt alle Mittel. Evey muss daher leiden, um - so die Überzeugung ihres wohlmeinenden Peinigers (der in dieser Filmsequenz agiert wie ein unerbittlicher Inquisitor zur Zeit des Hochmittelalters) - zum Licht der Freiheit zu finden. Dass es durchaus im Bereich des Möglichen liegt, dass die gepeinigte Frau ihrer Qual durch Suizid ein Ende bereitet, nimmt V dabei billigend in Kauf.

*"Besser, die Regierung fürchtet das Volk, als das Volk die Regierung",* äußert er einmal völlig zu Recht! Wer oder was aber ist „*das Volk*"? Die reine, willenlose, völlig unschuldige Masse, betrogen durch gleichgeschaltete Medien, verängstigt und verführt durch ein Regime, das Katastrophen inszeniert, um sich prompt als einziger Retter zu präsentieren? „*Das Volk*" ist – als Summe aller Bürger – für gar nichts verantwortlich? Es braucht also nur den Sturz des bösen Diktators und alles wird gut? Wohl kaum!

## Herrschaft und ihre Grundlagen

Da auch der brutalste Diktator auf ein gewisses Maß an Zustimmung der Beherrschten angewiesen ist – irgendjemand muss ja schließlich für die Durchsetzung seiner Politik sorgen, und das geht auf Dauer nicht gegen den Widerstand einer überwiegenden Mehrheit – greift diese Auslegung eindeutig zu kurz. Noch jedes Terrorregime der Geschichte hatte auch reichlich Zuckerbrot im Gepäck, nicht nur die Peitsche. Die meisten Diktatoren waren und/oder sind eben keine stupiden Hohlköpfe, die nicht um die Begrenztheit ihrer Möglichkeiten wissen. Sie haben gewöhnlich die Lehren Machiavellis[4] aufmerksam studiert und ihre Schlüsse draus gezogen.

Wahr ist: Erst die Lösung des Individuums von seinen Ängsten und Abhängigkeiten macht dieses frei und die politische Führung machtlos. *Erkenne Dich also selbst* – und vor allem: *Wage es, Deinen Verstand zu gebrauchen!* Denn wer etwas weiß, muss den Mächtigen nicht mehr alles glauben. Auch das wäre *eine* mögliche Lesart – möglicherweise sogar diejenige, die der Regisseur im Sinn hatte.

*„Der Starke ist am mächtigsten allein"* lässt Schiller seinen Tell ausrufen. Er würde durch ein Kollektiv nur behindert. Seine Freiheit nimmt er sich – kraft seiner überlegenen Qualität. Es liegt an ihm, auch den Schwachen ihre Freiheit zu lassen oder auch nicht. Die wollen sie ja meist auch nicht, können damit nicht umgehen oder fürchten sie gar. Ihre, wieder im „Tell", diesmal von dessen Mitstreiter Stauffacher verkündete Losung lautet: *„Verbunden werden auch die Schwachen mächtig."*

Das Finale des Films vermittelt, neben dem ästhetischen Genuss einer spektakulären Zerstörung eines Machtsymbols, exakt die Botschaft Stauffachers: Das Volk – die schiere Masse – erlangt die Macht durch geschlossenes Handeln. Jetzt treten plötzlich Hunderte, ja Tausende mit identischen Masken ausgestattete Bürger den schwer bewaffneten Schergen des Regimes offen und anscheinend furchtlos entgegen. Das Militär zögert, auf die Unbewaffneten das Feuer zu eröffnen und weicht schließlich kampflos zurück. Die höhere Moral siegt – wie erhebend! Ein

---

[4] Siehe vor allem „Der Fürst" (Original: Il Principe), einen guten Zugang bietet: https://de.wikipedia.org/wiki/Der_F%C3%BCrst Das Buch ist online verfügbar: http://www.gutenberg.org/ebooks/39816.

Happy End vom Feinsten. Der „*Aufstand der Massen*" (José Ortega y Gasset) führt zum Erfolg!

Fazit: *Nur vereint sind wir stark. Wir sind das Volk, wir alle sind eins. Solidarisch unter der gleichen Maske, wie der bereits verewigte Held, die endgültige Inkarnation des Guten.* Auch diese Quintessenz bietet sich an, ja sie drängt sich geradezu auf. So findet zum guten Schluss der überzeugte Kollektivist ebenso wie der radikale Individualist sein jeweils eigenes Credo im Film verkündet, wenn auch in unterschiedlichen Passagen des Streifens. Das ist keine geringe Leistung der Regie, zumindest in kommerzieller Hinsicht.

*Libertäres Happy End*

Immerhin - und das ist für Libertäre zweifellos trostreich –verlieren die regierende Macht-Elite und deren perfide Spitzenrepräsentanten am Ende nicht nur ihre Pfründe, sondern sogar ihr Leben. Den Tod des Tyrannen gilt es zu feiern, nicht zu betrauern. Es hätte schlimmer kommen können. Der faschistische Großkanzler Sutler fällt ironischerweise von der Hand des ebenso skrupellosen wie ambitiösen Polizeichefs Creedy. Berija erledigt Stalin – welch ein Fest! Wenn der eiskalte Chef der staatlichen Mordbrigaden nach einem atemberaubenden Showdown schließlich von V liquidiert wird, ertappt sich der eine oder andere Durchschnittszuseher dabei, klammheimlich Freude und Genugtuung zu empfinden. Es sind ja schließlich Faschisten in einem Unrechtsregime!

Dass sich demokratische Machthaber unserer Tage der exakt gleichen Techniken und Werkzeuge zur Behauptung ihrer Macht bedienen wie der finstere Diktator aus dem Film (Videoüberwachung, Telefonbespitzelung, Lauschangriffe und allerlei andere Unappetitlichkeiten), fällt dem gestandenen Demokraten nicht auf. Diktatoren haben - diese Gewissheit wird uns vom

Kindergarten an tagtäglich aufgetischt - ein Monopol auf Niedertracht und Bosheit. Demokratisch gewählte Machthaber dagegen sind stets unschuldig, rein wie Neugeborene und wollen nur unser Bestes...

Wer dramatische Filmhandlungen mit etwas politischem Tiefgang liebt, und wer Sinn für (wenige) genüsslich zelebrierte Gewaltszenen hat (nie zuvor spritzte roteres Blut aus aufgeschlitzteren Hälsen), sollte den Film nicht versäumen; aufgrund der wunderbaren, manierierten Sprache des maskierten Helden am besten in der englischsprachigen Originalversion.

Die Bezeichnung „Actionfilm" wird dem Streifen nicht gerecht. Gewalt ist hier kein Selbstzweck, und auf rasenden Filmschnitt und atemberaubende Verfolgungsjagden wird gottlob verzichtet. Gehobene Unterhaltung mit ernstem Hintergrund, das wäre ein dem Film wohl angemessenes Urteil. Ein Jammer, dass der Durchschnittsbetrachter - lebenslanger Gehirnwäsche sei Dank - niemals auf die Idee kommen wird, seinen eigenen Regierungschef auch nur entfernt mit Großkanzler Sutler und dessen Handlanger und Geheimdienstkapo Creedy zu vergleichen.

## **Zitate**

*"Ein Volk sollte keine Angst vor seiner Regierung haben, eine Regierung sollte Angst vor ihrem Volk haben."*

V

*"Künstler lügen, um die Wahrheit aufzuzeigen. Politiker lügen, um die Wahrheit zu vertuschen!"*

Evey

*"Auch wenn man den Schlagstock anstelle eines Gesprächs einsetzen kann, werden Worte immer ihre Macht behalten!"*

V

# Matrix

## Laurence und Andy Wachowski

gesehen von Henning Lindhoff

## filmthema

Science-Fiction: Die Entwicklung eines Erlösers, der die Menschheit aus der Herrschaft der Maschinen befreien soll.

## Bedeutung

In imposanten Bildern werden das Wesen einer künstlichen Scheinrealität dargestellt und Fragen über Selbstbestimmung und Eigenkontrolle aufgeworfen.

## Regisseure und Darsteller

Erscheinungsjahr: 1999

Regisseure: Laurence und Andy Wachowski

| Darsteller | Filmfiguren |
| --- | --- |
| Keanu Reeves | Neo |
| Laurence Fishburne | Morpheus |
| Carrie-Anne Moss | Trinity |
| Hugo Weaving | Agent Smith |
| Gloria Foster | Das Orakel |
| Paul Goddard | Agent Brown |
| Robert Taylor | Agent Jones |
| Joe Pantoliano | Cypher |
| Marcus Chong | Tank |

## Interpretation

*„Follow the white rabbit"*

Mit diesen Worten auf dem Computerbildschirm des Hackers Neo (a.k.a. Thomas Anderson) beginnt einer der richtungsweisenden Filme der 1990er Jahre. In „Matrix" haben intelligente Maschinen die Menschen übertroffen und die Herrschaft an sich gerissen. Menschen dienen nur noch als biomechanische Energieproduzenten und werden in riesigen Legebatterien gezüchtet. Ihrem Geist wird eine künstliche Welt vorgegaukelt. Einige tapfere Aufständische kämpfen jedoch gegen die übermächtige künstliche Intelligenz und entsenden von ihrer Stadt Zion nahe des Erdkerns aus Schiffe in die Weiten der realen, aber zerstörten Welt, um die künstliche Welt, die Matrix, mit ihren Piratensignalen zu infiltrieren und die Menschen aufzuwecken.

Morpheus, Kapitän des Schiffs Nebukadnezar, und seine Crew werden auf ihrer Suche nach dem Auserwählten, dem Befreier der Menschheit, fündig: Sie kontaktieren Neo, der in der künstlichen Welt der Matrix tagsüber einem betäubenden Bürojob nachgeht und nachts als Hacker der Wahrheit bereits ganz nahe gekommen ist.

Wegweisend für das Science-Fiction-Genre und auch die gesamte Filmkunst sind die imposanten Action-Szenen und die beeindruckende visuelle Umsetzung. Eingefrorene 3D-Bilder, High-Speed- und Zeitlupenaufnahmen wechseln einander ab. Überaus raffiniert wird mit zahlreichen visuellen Tricks hantiert. Dass „Matrix" auch in philosophischer Hinsicht einiges zu bieten habe, wurde und wird gerne behauptet. Auf den ersten Blick entdeckt der mitdenkende Zuschauer tatsächlich einige Anspielungen. Der Name Morpheus zum Beispiel wurde mit Bedacht gewählt, ist er doch nicht nur die Bezeichnung des griechischen Gottes der Träume, sondern auch der linguistische Ursprung des englischen Begriffs „morphing", der den nahtlosen Wechsel von einer Welt in die andere beschreibt. Auch Häuptling Morpheus und seine Indianer können dank einiger Hacks von der düsteren Realität in die von den Maschinen geschaffene Matrix hinübergleiten und zurück. Wirklich tief geht dies jedoch genauso wenig wie einige andere Anspielungen und Versatzstücke. Aber immerhin bietet der Streifen damit auch einige Motivation zum Nachschauen, Wiederschauen und Neuschauen.

Und auch für das Verständnis von Freiheit und Eigentum soll „Matrix" angeblich Anschauungsmaterial feilbieten, will man den Diskussionen im Internet Glauben schenken. Doch ist dem wirklich so?

Mit etwas Wohlwollen betrachtet, sind es drei, sich im Film wiederholende Themen, die auch 16 Jahre nach der Kinopremiere Aufmerksamkeit wecken und Relevanz entfalten können.

*Das Internet als Werkzeug der Revolution*

Ungepflegt ist er, unser Neo, wie er da vor seinem leuchtenden Computerbildschirm schläft, inmitten der Dunkelheit seines dreckigen Zimmer. Unaufgeräumt ist sein Zuhause in der realen Welt, als ihn plötzlich die grün leuchtende Schrift auf seinem Monitor weckt: *„Follow the white rabbit."*

Neo ist Hacker. In seiner Freizeit. Tagsüber sitzt er apathisch vor einem gänzlich schwarzen Bildschirm in seiner Box eines Großraumbüros und lässt sich von seinem gestressten Chef die Leviten lesen. Nachts ist Neo der Nerd, der aus der Realität ins Internet flüchtet, um dort „hochkriminelle Taten" zu begehen, zum Beispiel die „Daten vom Schatzamt" zu stehlen, wie seine spätere Kampfgenossin und Geliebte Trinity zusammenfasst. Im Internet ist Neo aktiv auf der Suche nach „ihm", Morpheus, und nach einer Antwort auf die Frage: „Was ist die Matrix?"

Ganz ähnliche Fragen stellen sich heute einige Menschen, die erkannt haben, dass in unserem realen, auf Papiergeld errichteten, politischen und gesellschaftlichen System manches schief läuft. Auch sie vermuten, so wie Neo, es könnte eine zweite Dimension geben, eine Welt, die anders, die besser sein könnte als die Wirklichkeit, in der die Politik den Markt überlagert hat und nun beherrscht, so wie die Maschinen die Menschheit in „Matrix".

Auch die Systemkritik anno 2015 kommt nicht ohne das Internet aus. Das Internet ist das moderne Werkzeug der Aufklärung, der Bildung und der alternativen zwischenmenschlichen Organisation abseits staatlicher Systeme. Neo nutzt es im Film, Querdenker nutzen es heute in der Realität. Auch wenn das Netz wirre Blüten treibt, wenn manch einer sich in den Weiten des Netzes verloren hat und glaubt, wie Neo am Ende des Films, den Code des Gefängnisses erfasst zu haben, zwischen den Zeilen zu lesen und sich so schließlich wie Superman zur Weltenrettung aufschwingen zu können. Das Internet stellt tatsächlich einen Quantensprung in der Entwicklung von Freiheit und Selbstbestimmung dar.

Die Hoffnung: Mancher Systemkritiker scheint sie im Filmfinale zu finden. Agent Smith kann am Ende von „Matrix" genausowenig mit dem sehenden Neo mithalten wie schlussendlich die Planwirtschaften dieser Welt mit einer dank Breitbandkommunikation aufgeklärten Zivilgesellschaft.

## Das Gefängnis und das Paradies

Cypher kann nicht mehr. Der Operator des Matrix-Hack-Systems bereut es, die rote Pille von Morpheus angenommen und damit die Wahrheit erkannt zu haben. Die düstere Realität ist ihm zuwider. „*Unwissenheit ist ein Segen*", sagt er zu Neo, um wenig später seinen Traum von der Flucht zurück in das „*Gefängnis für den Verstand*", wie Morpheus die Matrix bezeichnet, wahrzumachen. Er verrät sein Team an Agent Smith, ist kurz davor, Neo zu töten, kann jedoch in allerletzter Sekunde von Operator-Kollege Tank für immer gestoppt werden.

Für Cypher ist die Matrix, die Scheinrealität, ein wünschenswertes Umfeld. Er zieht den schönen Schein der hässlichen Wahrheit vor. Ist er der Prototyp für Otto Normalverbraucher? Sicherlich, nach Meinung von Morpheus: „*Viele dieser Menschen sind so angepasst und vom System abhängig, dass sie alles dafür tun, um es zu schützen.*" Cypher ist einer von ihnen. Er kam nur versehentlich der Wahrheit näher. Er will zurück. Ist das verwerflich?

Indes spielt die Matrix den Menschen keinesfalls ein Paradies vor. Die Menschen erleben hier vielmehr eine Welt, die in den späten 1990er Jahren stehen geblieben zu sein scheint. Nokia-Handys, Business-Anzüge und Techno-Discos bilden hier das Nonplusultra des Lifestyles. Eine erste Version der Matrix hatte den Menschen noch eine heile Welt ohne Not und Knappheit vorgegaukelt. Doch vergebens, wie Agent Smith gegenüber Morpheus erläutert. Das Paradies wurde nicht angenommen, scheiterte, weil die Menschen faul wurden und die Produktivität sank. *„Ganze Ernten fielen aus"*, berichtet Agent Smith. Und er wisse nun: *„Der Mensch definiert sich über das Leid."*

Die Frage: Welche Umwelt benötigt der Mensch? Findet er im Zustand der ultimativen Befriedigung aller Bedürfnisse das wahre Glück? Oder benötigt er einen Antrieb? Benötigt er eine motivierende Situation der Knappheit, des Verlangens, um in der Aktivität Erfüllung finden zu können? Ist der Mensch Konsument? Ist der Mensch Unternehmer?

## Kontrolle über das eigene Leben

In jedem Fall benötigt Neo zumindest Kontrolle über sein eigenes Leben. Er hat *„ein Problem mit Autoritäten"*. Für ihn *„gelten keine Regeln"*, stellt er klar, so oft er kann. Er gibt sich nicht mit dem Scheinleben in der Matrix zufrieden. Er hat sich selbst auf die Suche begeben nach der Wahrheit und eine Ahnung gehegt, dass es mehr gibt als nur das Dasein im Hamsterrad.

Morpheus sieht in ihm den Auserwählten, denjenigen, der die Matrix der Maschinen durchschauen, manipulieren und letztendlich zerstören kann. Er sieht in Neo den Erlöser der Menschheit. Eine Schlüsselszene des Films ist das Treffen Neos mit dem Orakel, einer netten alten Dame, die in ihrer schlichten Wohnung innerhalb der Matrix allerlei Wunderkinder empfängt und begutachtet. Neo sei kein Auserwählter, gesteht sie ihm schließlich. Entweder werde er sterben oder Morpheus. Einen gemeinsamen Weg gebe es nicht. Doch – und dies sind die Schlüsselsätze des Films – sagt sie auch: *„Du glaubst mir doch gar nicht. Mache Dir keine Sorgen. Du hast Dein Leben doch selbst unter Kontrolle."*

*„Das Orakel ist nur ein Wegweiser"*, wird Morpheus, der den Orakelspruch nicht kennt, im Nachgang nicht müde zu betonen. Es hilft nur, *„deinen Weg zu finden"*. Nicht mehr. Nicht weniger. Und erst recht kein Grund zur Entmutigung.

Das bewahrheitet sich am Ende des Films, wenn Neo Morpheus aus den Fängen von Agent Smith rettet und damit den ersten Teil des Orakelspruchs falsifiziert, den zweiten Teil jedoch bestätigt.

Das Vorbild: Neo behält die Kontrolle. Er ergibt sich nicht seinem und Morpheus' vermeintlichen Schicksal. Er agiert und gestaltet sein Leben und sein Wirken in der Art, wie er es wünscht. Neo bleibt bis zum Ende ein Unternehmer.

## Fazit

„Matrix" ist bei weitem kein Film mit eindeutig freiheitlicher Aussage. Der Film birgt viele philosophische Anspielungen, die zum Nachdenken anregen. Nicht mehr und nicht weniger. Und mit Blick auf die beiden Sequels „Matrix Reloaded" und „Matrix Revolutions", in denen Neo und Morpheus eine Art Sekte anführen, die im kollektiven Wahn um die Rettung der Menschheit kämpft, verfliegt jeder antitotalitäre Hype um die Trilogie vollkommen.

Was bleibt, sind einige brauchbare Versatzstücke, um die herum sehr wohl brauchbare Debatten über den Wert der Freiheit und die Bedeutung von Herrschaft gestrickt werden können. Mehr als imposant inszenierte Aufhänger sind es aber nicht.

## Zitate

„*Viele dieser Menschen sind so angepasst und vom System abhängig, dass sie alles dafür tun, um es zu schützen.*"

Morpheus


"*Ich zeige den Menschen eine Welt ohne euch, ohne Gesetze, ohne Kontrollen und ohne Grenzen. Wie es weitergeht, das liegt dann ganz bei euch.*"

Neo

# Tribute von Panem

Gary Ross, Francis Lawrence

gesehen von Nur Baysal

## Filmthema

Dystopische Science-Fiction: Rebellion gegen eine autoritär-totalitäre Diktatur, die sich nach einer Naturkatastrophe im ehemaligen Gebiet der Vereinigten Staaten etabliert hat.

## Bedeutung

In Form der Verfilmung eines Jugendromans (Basierend auf der Romantrilogie „The Hunger Games" von Suzanne Collins) werden die inhärenten Gefahren eines ungezügelten Staates aufgezeigt. Ohne eine robuste Gewaltenteilung und ein rechtsstaatliches Gesetzessystem können Gebiete mitsamt ihrer Bevölkerung annexiert und unter das System einer autoritären Planwirtschaft unterworfen werden. Die jährliche Veranstaltung der Hungerspiele soll die Macht der Regierung in Form von kruder Unterhaltung demonstrieren. Zu diesen Zwecken wird auch vom manipulativen und glorifizierenden Einsatz von Medien nicht zurückgeschreckt.

## Regisseur und Darsteller

Erscheinungsjahre: 2012-2014

Regisseure: Garry Ross, Francis Lawrence

| Darsteller | Filmfiguren |
| --- | --- |
| Jennifer Lawrence | Katniss Everdeen |
| Josh Hutcherson | Peeta Mellark |
| Liam Hemsworth | Gale Hawthorne |
| Woody Harrelson | Haymitch Abernathy |
| Donald Sutherland | Präsident Snow |
| Philip Seymour Hoffman | Plutarch Heavensbee |
| Julianne Moore | Präsidentin Alma Coin |

## Interpretation

Während eines ungenannten Zeitpunkts in der Zukunft wird durch eine Naturkatastrophe die Textur und Geographie der Erde grundlegend verändert. Die moderne Zivilisation wird dabei größtenteils ausgelöscht. Auf dem Boden des verbliebenen Territoriums, es handelt sich größtenteils um das ehemalige Nordamerika, wird die Nation Panem errichtet.

Möglicherweise durch Annexion expandiert Panem graduell auf dreizehn Distrikte, die jeweils durch Anordnung für die Produktion bestimmter Güter zuständig sind. Ein Großteil der durch die Distrikte erwirtschafteten Produktion muss an das Kapitol, die Hauptstadt Panems, abgegeben werden. Als Folge dieser repressiven Planwirtschaft leben die Eliten in Panem in Reichtum. Den ausgebeuteten Bewohnern der Distrikte bleiben lediglich wenige restliche Ressourcen und damit ein Leben in prekären Verhältnissen.

Chronologisch setzt die Filmserie einige Zeit nach den „Dunklen Tagen" an, während denen eine Rebellion der Distrikte gegen das Kapitol blutig niedergeschlagen wurde. Als Reaktion etablierte das Kapitol die so genannten Hungerspiele. Um die omnipotente Macht der Regierung in Form kruder Unterhaltung zu demonstrieren, werden im Zuge dieser jährlich stattfindenden Veranstaltung 24 Kinder aus den zwölf Distrikten – jeweils ein Junge und ein Mädchen – ausgelost, um in gladiatorisch wirkenden Arenen gegeneinander bis zum Tod zu kämpfen. Überleben kann am Ende nur ein Tribut. Diese Ereignisse werden live im nationalen Fernsehen übertragen und glorifiziert.

*Katniss Everdeen als Symbol der Rebellion gegen ein autoritäres Regime*

In Vorbereitung der 74. Hungerspiele wird in Distrikt 12 als weiblicher Tribut die jüngere Schwester von Katniss, Primrose Everdeen, ausgelost. Als Primrose zur Bühne gerufen wird, entscheidet sich Katniss, anstelle von ihr als erster freiwilliger Tribut ihres Distrikts anzutreten. Anschließend wird Peeta Mellark als männlicher Tribut ausgelost.

Aus der Geschichte von Katniss Everdeen wird im weiteren Verlauf der Handlung deutlich, wie die Diktatur des Kapitols über die Arbeits- und Produktionsverhältnisse der Wirtschaft hinaus sämtliche Lebensverhältnisse der Bewohner kontrolliert und reglementiert:

Auf staatliche Anordnung ist es Pflicht, während der Auslosung anwesend zu sein und darüber hinaus die weiteren Ereignisse während der Hungerspiele im nationalen Fernsehen zu verfolgen. Selbst an den abgelegenen Arbeitsminen, in denen die Bewohner unter unmenschlichen Verhältnissen arbeiten müssen, befinden sich Fernsehgeräte zur Übertragung der Hungerspiele. Die jeden Untertanen erreichende Machtdemonstration des Herrschaftsapparats ist offensichtlich. Durch die Konzentration auf zwölf- bis achtzehnjährige Kinder, die an den Spielen teilnehmen müssen, nimmt dieses Paradebeispiel staatlicher Willkür noch an Grausamkeit zu.

Die Protagonistin Katniss Everdeen muss an Seite von Peeta Mellark an einem aufwendig inszenierten Festzug teilnehmen. Davor wurde sie, wie die restlichen Tribute, von zahlreichen Make-Up Artisten und Modedesignern möglichst attraktiv hergerichtet, um eingekleidet in den Farben ihres Distrikts während des Festzugs vor den Hungerspielen möglichst viel Aufmerksamkeit zu erregen. Im Publikum befinden sich nämlich die reichen Bewohner des Kapitols, auf dessen Spenden die Tribute angewiesen sind, die sie beispielsweise in Form von Hilfspaketen während der Hungerspiele erhalten. Insgesamt wirkt diese Veranstaltung wie eine zeremonielle Feier des bevorstehenden Todes unschuldiger Kinder – durch die inszenierte Glamourösität wirkt dieser Umstand noch zynischer.

Katniss und Peeta überleben am Ende der Spiele, was nach den Regeln nicht erlaubt ist. Die Hungerspiele sehen es vor, dass lediglich ein Tribut überlebt. So sind Katniss und Peeta eigentlich dazu gezwungen, gegeneinander zu kämpfen. Entgegen der Erwartungen des Kapitols und der Zuschauer entschließen sie sich allerdings zu einem Doppelsuizid, indem sie giftige Beeren essen. Dies wird vom Kapitol in letztem Moment verhindert, da es von den Bewohnern der Distrikte als ein Zeichen der Rebellion angesehen werden und in Unruhen münden könnte. Zögernd beschließt das Kapitol daher, Katniss und Peter als die ersten Doppelsieger in der Geschichte der Hungerspiele anzuerkennen.

## Medienmanipulation und Rebellion

Die Regierung in Panem verfügt über ein rigides Nachrichtenmonopol. Sämtliche Medien werden nicht nur kontrolliert, sondern gezielt zu Zwecken der Propaganda benutzt. Der Höhepunkt ist die vulgäre Inszenierung der Hungerspiele. Allerdings geht der staatliche Missbrauch von Macht darüber hinaus: Es ist den Bewohnern der Distrikte nicht möglich, unabhängige Quellen über Ausschreitungen und Proteste gegen das Kapitol zu beziehen.

Sämtliche Rebellen und Teilnehmer der Proteste werden als „Kriminelle" verunglimpft, um öffentliche Unterstützung zu verhindern. Parallelen lassen sich hier beispielsweise zu den studentischen Protesten in China ziehen, die 1989 im Tian'anmen-Massaker kulminierten.

Zudem wird geschildert, wie Unterstützer der Rebellion als Gegenmaßnahme zur Zensur Hackerangriffe auf die Server des Kapitols durchführen, um beispielsweise Nachrichtenübertragungen kurzzeitig zu stoppen und währenddessen eigene Botschaften zu senden. Angesichts der technologischen Dominanz des Kapitols gelingt das allerdings nur kurzzeitig. Es wird daher versucht, die Bevölkerung dezentral und vor Ort während der Aufstände aufzuklären – auch hier erweist sich Katniss mit der Abbildung des Spottölpels als symbolträchtige Identifikationsfigur.

## Organisierte Rebellion und sozialer Wandel

Ähnlich wie organisierte Protestbewegungen in China oder der Ukraine weist die Rebellion gegen das Kapitol eine straff organisierte Struktur auf: Das Umfeld um Katniss Everdeen erkennt schnell, dass für ein effektives Vorgehen gegen die Verbrechen des Kapitols neben gutgemeintem Idealismus und Kampfstärke eine überzeugende Marketingstrategie notwendig ist.

Katniss Everdeen soll als Symbol der Rebellion fungieren. Mittels heimlich eingespielter Werbevideos soll sie der Bevölkerung der verschiedenen Distrikte bekannt gemacht werden. Hierbei wird bewusst Katniss als Symbolfigur ausgewählt, da sie bereits vor dem geplanten Doppelsuizid während der Hungerspiele Aufmerksamkeit auf sich gezogen hat.

Während der Spiele wird Rue, ein 12-jähriges Mädchen aus Distrikt 11, tödlich angegriffen. Um ein Zeichen zu setzen, beschließt Katniss, das junge Mädchen mit einem letzten Wiegenlied aus ihrer Heimat und dem Auslegen von Blumen zu ehren. Durch dieses Begräbnis setzt sie auch gegenüber dem Kapitol ein deutliches Zeichen: Die Tribute dienen nicht lediglich kruder Unterhaltung, sondern könne Zeugnis menschlicher Würde sein. Dieses Ereignis stellt eine Initialzündung dar. Ab diesem Zeitpunkt gewinnt Katniss als zentrale Figur der Rebellion an Popularität und kann erfolgreich zum aktiven Widerstand gegen das Kapitol aufrufen. Bevor die Rebellen mit physischer Kraft gegen das Kapitol vorgehen, möchten sie mit Katniss Everdeen eine möglichst große Anzahl der Bewohner Panems über die widrigen Lebensumstände informieren, für die das Kapitol verantwortlich ist.

Es wird offensichtlich, dass die Rebellion einen weitreichenden gesellschaftlichen Wandel anstrebt. Dessen Systematik wurde vom Ökonomen und Philosophen Friedrich August von Hayek in seinem 1949 veröffentlichten Aufsatz „The Intellectuals and Socialism" näher erläutert. Dort beschreibt Hayek unter anderem den intellektuellen Einfluss in einer Gesellschaft. Demzufolge lohnt sich Einstieg in die Politik für eine Gruppierung erst, nachdem ein robustes Fundament für die angestrebten Ziele in der Gesellschaft etabliert wurde. Im Film wird dieser Umstand von den Befürwortern der Rebellion erkannt; sie schaffen eine soziale Bewegung, die mit Katniss im Mittelpunkt schon nach kurzer Zeit die Sympathie der Bewohner des Kapitols gewinnt.

*Reformen helfen nicht: Das Problem liegt im System*

Im Laufe der Handlung wird deutlich, dass auch in der Bewegung der Rebellion asymmetrische Machtkonstellationen vorherrschen, die sich nicht signifikant von der Struktur des Kapitols unterscheiden. Präsidentin Alma Snow, die von der Rebellion als Alternative zu Präsident Snow auserkoren wurde, verfolgt ihren politischen Ansatz rigide und autoritär. Das Motiv, ihre Führungsposition beizubehalten, entspringt neben ihrer Feindseligkeit gegenüber dem Kapitol auch purem Eigennutz.

Offenkundig genügt es nicht, eine andere Person in die Position von Snow zu setzen. Das Problem liegt nicht in einzelnen Personen begründet, sondern in der rigiden Struktur des Staatsapparats. Sanfte Reformen reichen nicht aus. Die Übelstände müssen an ihrer Wurzel gepackt werden. Eine komplette Restrukturierung der politischen Institutionen Panems ist erforderlich. Die Struktur des Staates muss aufgebrochen werden.

Vorsichtige Reformen oder ein Austausch der Führungselite überließen die Zukunft Panems der Willkür der politischen Führung. Im Fall eines erfolgreichen Umsturzes stünde den Rebellen exakt dieselbe uneingeschränkte staatliche Macht zur Verfügung. Daher bliebe lediglich die Hoffnung, dass dieser Zugang zur Macht von der Seite der früheren Unterdrückten nicht ebenfalls missbraucht wird.

Sowohl in den Filmen, als auch in den Büchern in noch größerem Detail wird dargestellt, wie die neuen Machthaber dasselbe autoritäre Unterdrückungsschema auf die ehemalig privilegierten Einwohner des Kapitols anwenden möchten. Die destruktive Wirkung von Panems Institutionen bleibt intakt, unabhängig von mehr oder minder wohlwollenden Intentionen seitens der Rebellion. Als einzige Lösung bleibt ein radikaler Wandel der alteingesessenen Institutionen. Nur so kann für die Bewohner Panems fortwährend Freiheit gewährleistet, können die Hungerspiele endgültig abgeschafft werden.

## Zitate

*"Und so wurde verfügt, dass die Distrikte von Panem jedes Jahr einen jungen Mann und eine junge Frau als Tribute darbringen müssen, die in einem Wettstreit der Ehre, des Mutes und der Aufopferung bis auf den Tod kämpfen."*

Präsident Snow über die Hungerspiele

*"In mehreren Distrikten wertet man deinen kleinen Trick mit den Beeren als einen Akt der Herausforderung, nicht als einen Akt der Liebe. Und wenn ausgerechnet ein Mädchen aus Distrikt 12 das Kapitol herausfordern kann und so einfach davonkommt, was sollte andere dann davon abhalten, dasselbe zu tun? Was sollte zum Beispiel einen Aufstand verhindern, der vielleicht zu einer Revolution führt? Und ehe man sich versieht, würde das gesamte System zusammenbrechen."*

Präsident Snow

*"Das muss ein brüchiges System sein, wenn eine Handvoll Beeren es zum Einsturz bringen kann."*

Katniss

# Star Wars
# Krieg der Sterne

George Lucas

gesehen von Hendrik Hagedorn

## Filmthema

Science-Fiction über den fortwährenden Kampf zwischen Gut und Böse vor langer Zeit in einer weit, weit entfernten Galaxie. Die archetypische Mischung von Heldensaga, Märchen und Science-Fiction im Weltraumgewand ist von zahlreichen mythologischen und historisch-kulturellen Elementen durchdrungen.

## Bedeutung

Krieg der Sterne thematisiert – in der Ursprungs-Trilogie – den Freiheitskampf von Underdogs gegen einen überlegenen Zentralstaat. Getragen vom Streben nach einem friedlichen Zusammenleben in Vielfalt und Selbstbestimmung, wehren sich die Rebellen gegen die zügellosen Machtinteressen des Imperators und seiner totalitären Militärbürokratie. In der

Trilogie der Vorgeschichte werden Staatsverfall und Demokratieversagen sowie die Uneinigkeit der Philosophen-Elite (Jedi-Ritter) thematisiert, die zu einer Tyrannis führen.

## Regisseur und Darsteller

Erscheinungsjahr: ab 1977

Regisseur: George Lucas

| Darsteller | Filmfiguren |
| --- | --- |
| Natalie Portman | Königin Amidala/ Padmé Naberrie |
| Jake Lloyd | Anakin Skywalker |
| Mark Hamill | Luke Skywalker |
| Harrison Ford | Han Solo |
| Carrie Fisher | Prinzessin Leia |
| Ewan McGregor/ Alec Guinness | Obi-Wan Kenobi |
| David Prowse u.a. | Darth Vader |
| Frank Oz als Puppenspieler | Yoda |
| Ian McDiarmid | Senator Palpatine/ Darth Sidious |

## Interpretation

Die Star-Wars-Filme üben seit Generationen eine ganz besondere Faszination auf die Menschen aus, eine Faszination, die zunächst nicht leicht zu beschreiben ist. Und doch ist sie greifbar, wenn Namen wie Luke Skywalker und Obi-Wan Kenobi erklingen und Kinderaugen zu strahlen beginnen. In jedem Fall lässt sich konstatieren, dass Krieg der Sterne sich millionenfach besser verkauft als andere Genreverfilmungen, was allein mit spektakulären Kampfszenen nicht zu erklären ist.

Die ewige Jugend der „Star-Wars"-Geschichte ist auch im Filmwerk selbst angelegt. In der Hauptsache werden die Lebenswege von Anakin und Luke Skywalker beschrieben. Es ist also die Geschichte von Vater und Sohn, die sich zunächst nicht kennen, sich erbittert bekriegen und schließlich doch erlösen. Die Tatsache, dass der Kampf für das Gute jede Generation genauso fordert wie die vorangegangenen, spiegelt sich also direkt im Handlungsstrang der Episoden wider. Die Erlösung, die Anakin und Luke finden, ist rein persönlich. Die Welt als solche wird nicht gerettet, sie besteht fort, mit Irrungen und Wirrungen und unter fatalen Zuständen, Raum bietend für neue Helden.

*Die dunkle Bedrohung der guten Welt*

Die Weltraumsage beginnt in grauer Vorzeit, einer glücklicheren Vergangenheit, dem Ideal, das unsere abendländische Welt im hellenistischen Athen vermutet. Das Universum ist demokratisch organisiert, in Vielfalt geeint. Und doch besteht eine „dunkle Bedrohung", eine Kraft, die geeignet ist, die bestehende Ordnung zu überwerfen. Woher diese Bedrohung kommt, wird nicht gesagt. Sie äußert sich jedoch in dem Streben nach Macht, welches die Verschwörer um Kanzler Palpatine an den Tag legen. Diese versuchen, das System nach ihren Interessen umzugestalten und sich und ihn über den Status eines *primus inter pares* zu erheben.

Die eigentliche dunkle Bedrohung, die im ersten Teil der Sage beschrieben wird und die den Boden für den kommenden Sternenkrieg bereitet, geht jedoch deutlich über die Ränkespiele einer verkommenen Elite hinaus. Die Rede ist vom menschlichen Potenzial, der Macht, die der Mensch in sich birgt. Jeder Mensch hat sie, jeder trägt an ihr und nutzt sie, manche mehr, manche weniger. Diese Macht entsteht ausschließlich aus der Natur und ist letztlich nicht erklärbar. Obi-Wan, ein tiefer Kenner der Materie, beschreibt sie wie folgt: *„Die Macht ist [...] ein Energiefeld, das alle lebenden Dinge erzeugen. Es umgibt uns, es durchdringt uns. Es hält die Galaxis zusammen."* Diese Erklärung bleibt vage und geht dennoch tief. Denn Obi-Wan sagt auch, dass es genau diese Macht ist, aus der ein Jedi, also ein Erleuchteter, seine Kraft bezieht. Eine Kraft, die ihn in die Lage versetzt, Dinge zu leisten, die von Uneingeweihten als übermenschlich und unmöglich angesehen werden. Die „Star-Wars"-Sage ist also eine zutiefst mystische Geschichte: eine Geschichte über die Kraft – die Macht – des Lebens.

Ohne weiteres lassen sich daher auch zahlreiche Parallelen zwischen Krieg der Sterne und der Mythologie ziehen. Oft werden biblische, homerische, daoistische, rosenkreuzerische oder templerische Motive genannt; zu allen diesen Philosophien weist Krieg der Sterne einen Bezug auf. Inwieweit George Lucas sich tatsächlich dieser Quellen bediente, ist im Detail nicht bekannt und letztlich auch unerheblich, da sich die Verwandtschaft zwischen „Star Wars" und den genannten Quellen nicht aus teilweise direkten Querverbindungen ergibt, sondern aus der Einheit des Stoffes, mit dem sie sich allesamt befassen: dem Potenzial des Menschen.

Diese mystische Seite wird in unserer modernen Kultur kaum noch thematisiert. Eingeklemmt zwischen monotheistischen Glaubensrichtungen auf der einen Seite und szientistisch-atheistischen Vorstellungen auf der anderen kommt sie kaum zur Entfaltung. Im Grunde wurde dieses Element in der westlichen Welt in den Bereich der Kunst zurückgedrängt, denn die Begriffe „Religion" und „Verstehen" sind hier und heute anderweitig besetzt. Doch gerade dieses Element ist es, das Kunstwerken ihre

Würde verleiht – und damit auch dem Betrachter. In den antiken Kulturen war dieses Element im Übrigen gleichbedeutend mit der Religion. Hier, im Gesamtkunstwerk Krieg der Sterne steht es ebenfalls im Zentrum des Geschehens. Man darf vermuten, dass es dieses Phänomen ist, woraus sich jene wundersame Faszination erklären lässt, die Krieg der Sterne auf die Menschen ausübt: Es sind quasi-religiöse Gefühle, die angesprochen werden, die Idee der Berufung und damit die Möglichkeit, aus sich heraus Großes zu leisten.

*Die große Versuchung*

Wenn man die Geschichte von dieser Warte aus betrachtet, so zeigen die ersten drei Episoden auf, wie schwierig der Umgang mit der Macht für uns Menschen ist. Genau aus diesem Grund ist die Anleitung, das Unterrichten, welches die Jedi so umfassend betreiben, von entscheidender Bedeutung. Denn kein junger Mensch hält es für möglich, dass er sich jemals der dunklen Seite der Macht anschließen wird. Wenn man jung ist, ist es geradezu sonnenklar, dass man sein Licht in irgendeiner Form in die Welt tragen wird. Und doch machen die Jedi die Erfahrung, dass sie ihre Padawan-Lehrlinge reihenweise an die dunkle Seite verlieren. Wie kann das passieren? Die Antwort: Alle diese jungen Menschen wollten das Gute erzwingen. Ähnlich wie Mephisto, der stets das Böse will und stets das Gute schafft, laufen die Jedi Gefahr, das Gute zu wollen und Tod und Verderben zu kreieren. Das Beispiel von Anakin Skywalker ist dabei formgebend. Anakin ist nicht von Natur aus böse, nicht von vorne herein bestimmt, Darth Vader zu werden. Doch fehlt ihm Geduld. Er will das Schicksal in einer Weise bestimmen, die auf das Punktuelle gerichtet ist. Er will Situationen verändern, will helfen und die Welt nach seinem Gutdünken umgestalten, durchaus im positiven Sinne. Das ist jedoch eine selbstbezogene und wenig ganzheitliche

Art, Gutes zu tun. Folglich wird er zum Gottspieler, schließt einen Pakt mit dem Teufel und wird schließlich dessen Vasall.

George Lucas schafft es in unvergleichlicher Weise, diese Thematik des menschlichen Mysteriums, Potenzials und des Scheiterns in unsere Zeit zu holen, sie zugänglich zu machen für die Kultur der Massen, die sich im Laufe des 20. Jahrhunderts herausgebildet hat. Er bedient sich dazu aus dem reichhaltigen Fundus der Kulturgeschichte: In der Manier eines David kämpfen die Rebellen gegen die Vorherrschaft des Imperiums. Gespickt mit Verweisen auf Heldendramen der Weltliteratur, untermalt mit wagnerartiger Leitmotivik, getragen von einer tiefen, lebensbejahenden Philosophie verläuft dieser Kampf auf der Leinwand, in welchem letztlich die Hoffnung obsiegt.

## Widerstand des kämpfenden Liberalismus

Selbstredend kann ein Mensch, der die Luft des Jedi-Ordens geatmet hat, mit dem totalitären Anspruch eines Imperators nicht konformgehen. Der liberale Aspekt dieses Filmwerks ergibt sich somit quasi von selbst, und er bestimmt das Handlungsgeschehen über die ganze Erzählung hinweg. Selbstverständlich mündet das Herrschaftsstreben der Allianz in der Unterdrückung der Vielfalt. Ganz eindeutig führt es zu einer Militarisierung und Verrohung der Gesellschaft. Und nicht zuletzt impliziert es einen Verlust an Menschlichkeit und Freiheit. Hiergegen gilt es aufzubegehren. Hier liegt die ethische Wurzel des Widerstands. Hieraus speist sich die Rebellion, die dem Imperator den Kampf ansagt. Diese Rebellion ist ein militanter Liberalismus, ein Kampf der freien Individuen gegen ein korrumpiertes und anmaßendes Staatswesen.

Man muss nicht weit blicken, um in der heutigen Welt Parallelen zu einem solchen Szenario zu erkennen; auch in der echten Welt

94

gibt es für Widerstand gute Gründe. Doch was lehrt uns die „Star-Wars"-Sage in dieser Hinsicht? Sie lehrt: Der Anfang des Widerstands und auch der Schlüssel zum Erfolg liegen in der Besinnung auf sich selbst. Keine Bewegung wird je bestehen, die sich aus einer Anti-Haltung heraus definiert, denn indem sie eine solche Position bezieht, bewegt sie sich bereits außerhalb des Gleichgewichtsgefüges der Macht. Keine Bewegung wird reüssieren, die Gutes „bewirken" will, denn sie wird zwangsläufig den Weg von Anakin Skywalker beschreiten: „Doing Bad by Doing Good". In erster Linie ist der Kampf für die Freiheit ein Sich-Üben in Geduld, ein Arbeiten an sich selbst in stoischer Manier. Denn die wenigsten Menschen sind wirklich zu Höherem bestimmt. Wer hat schon die Kraft, die Macht ins Gleichgewicht zu bringen? Messias-ähnliche Qualitäten sind hierzu von Nöten. Kein Mensch darf hoffen, diese in sich zu vereinen.

*Geduld, Bescheidenheit, Beharrlichkeit gehen auf*

Und doch besteht Hoffnung. Gerade die Jedi-Ritter könnten ihre Bemühungen einstellen, wenn sie nicht hofften und wüssten, dass der Weg der Duldsamkeit zum Erfolg führen kann. Die Prophezeiung, an die sie sich halten, welche besagt, das „einer" kommen wird, der die Macht ins Gleichgewicht bringt, trägt alttestamentliche Züge. Sie ist in hohem Maße Ausdruck von Demut, denn sie reflektiert, dass selbst die Jedi die Welt nicht verändern können. Ein Jedi ist in erster Linie duldsam, er bewahrt die überlieferte Weisheit, ist wachsam und wartet. Nur auf Grundlage solcher Tugenden können Ideen überhaupt längere Zeiträume überdauern. Die Jedi wissen das, und daher ist es in erster Linie die Wartekraft, die einen Jedi auszeichnet. Nichtsdestotrotz sind diese Esoteriker alles andere als ein wehrloser Haufen. Sie üben sich stets nicht nur in der Meditation, sondern auch im Kampf. Die Kampfschule dieser Ritter, die stark an die Samurai erinnert, appelliert an die Wehrhaftigkeit der Intelligenz. Sie bewahrt davor, Geduld mit Gleichgültigkeit zu verwechseln. Sie schafft eine Atmosphäre der Wachsamkeit, mithilfe derer sowohl Falsches als auch die Chance zur Veränderung erkannt werden können. In einem solchen, von den Jedi gehegten Umfeld soll irgendwann derjenige heranwachsen, der die Macht ins Gleichgewicht bringen kann. Anakin war es trotz höchster Veranlagung nicht; Luke kann es werden.

Bezeichnend ist, dass Luke unter sehr viel schwierigeren Voraussetzungen an die Macht herangeführt wird als Anakin. Zu seiner Zeit gibt es schon längst keine Padawan-Schule mehr. Sein Vater, der nunmehr gefallene Jedi, hat sie ausgelöscht. Luke wächst in der Wüste auf, auf einem abgelegenen Planeten namens Tatooine. Die Kraft, die er besitzt, entspringt aus ihm selbst, aus der Natur. Nicht Bildung bestimmt sein Potenzial, sondern Veranlagung. Er ist die Verkörperung des Parsifal, des reinen Toren, der aufgrund seiner Unbefangenheit allen geschulten Menschen überlegen ist. Nur muss er lernen, darauf zu vertrauen. Er kann das nicht ohne Hilfe, nicht ohne Obi-Wan und später Meister Yoda. Luke weiß schon zu Beginn, aufgrund seiner Intuition, dass das Imperium eine Bedrohung ist, doch fühlt er sich nicht in der Lage, etwas dagegen zu tun. Noch unterschätzt er die Kraft, die er in sich trägt, noch hat er keine Anleitung erfahren, sie zu nutzen. Doch die Fügung bringt eine Begegnung mit Obi-Wan. In jenem fast letztmöglichen Moment, als die Rebellion vor einer vernichtenden Niederlage steht, geht das Konzept der Jedi auf. Der naive Luke tritt *nolens volens* der Rebellion bei. Er begibt sich auf jene lange Reise, die ihn letztlich zum Jedi macht. All die kleinen Taten, die die Jedi über Äonen geleistet haben, entwickeln nun einen Sinn, auch wenn dieser Sinn damals nicht direkt ersichtlich war. Aus all diesen Taten entwickelt sich just in jenem kritischen Moment eine neue Chance für die Freiheit. Obi-Wan scheint wie der rechte Mann zur rechten Zeit, doch auch er ist nur der Überbringer der Nachricht und steht am Ende einer langen Kette. Indem er seine bescheidene Position einnimmt, bleibt das Wirken der Jedi nicht vergebens.

*„Star Wars" als Vorbild für den Freiheitskampf*

Ähnliches gilt auch für die Freiheitskämpfer der heutigen Zeit. Der Freiheit zu dienen bedeutet in erster Linie, sich selbst zu erkennen. Es bedeutet, Ruhe zu finden und zu erspüren, wie eine solche Ruhe entsteht. Abstrakt gesprochen geschieht dies dann, wenn der Mensch sein Potenzial ausschöpft, das tut, wozu er bestimmt ist, und dabei nicht auf kurzfristige Erfolge und äußere Bestätigung zielt. Nicht Handlanger soll man sein, nicht Kämpfer, sondern Mensch. Und schließlich – zuletzt jedoch – erfordert es ein Vertrauen auf die eigenen Fähigkeiten. Schiller formuliert es wie folgt:

*„Immer strebe zum Ganzen und, kannst du selber kein Ganzes werden, als dienendes Glied schließ an ein Ganzes dich an."*

Möge jeder, der diese Zeilen liest, in diesem Sinne an sich selbst arbeiten. Möge er den Platz finden, an dem er dem Universum der Freiheit am besten dient, und nicht zuletzt: Möge die Macht mit ihm sein!

## Zitate

*„So geht die Freiheit zugrunde. Mit donnerndem Applaus.“*

Padmé Amidala


*„Möge die Macht mit dir sein, mein junger Padawan.“*

Obi-Wan Kenobi


*"Auch du wirst entdecken, dass viele Wahrheiten, an die wir uns klammern, von unserem persönlichen Standpunkt abhängig sind."*

Obi-Wan Kenobi


*"Furcht ist der Pfad zur dunklen Seite. Furcht führt zu Wut, Wut führt zu Hass, Hass führ zu unsäglichem Leid."*

Yoda


*„Eure Überheblichkeit ist Eure Schwäche."*

Luke Skywalker

# Der Elefantenmensch

## David Lynch

gesehen von Luis Pazos

### filmthema

Biographisch angelehntes Melodram nach einer wahren Begebenheit: Individuelle Entfaltung und öffentliche Drangsalierung eines Außenseiters auf der allzu menschlichen Suche nach dem Sinn.

### Bedeutung

Eingebettet in die detailgetreu rekonstruierte Kulisse des viktorianischen England entfaltet sich ein klassisches existenzielles Drama um Leben, Freiheit und das Streben nach Glück. Die schicksalhaft angelegte und staatsinterventionistisch gehebelte Tragik wird auf Ebene eines der Menschlichkeit fast entkernten Individuums ebenso unmittelbar spürbar wie die allen

Widrigkeiten trotzende, das Vakuum füllende Kraft der Freundschaft und Liebe.

## Regisseur und Darsteller

Erscheinungsjahr: 1980

Regie: David Lynch

| Darsteller | Filmfiguren |
| --- | --- |
| John Hurt | John Merrick |
| Anthony Hopkins | Dr. Frederick Treves |
| Anne Bancroft | Mrs. Kendal |
| John Gielgud | Carr Gomm |
| Michael Elphick | Nachtportier |
| Hannah Gordon | Mrs. Treves |
| Helen Ryan | Prinzessin Alex |

## Interpretation

*Die Institution des Infantizids und ihre Überwindung*

Deformation zieht unausweichlich Aufmerksamkeit nach sich, da die mustersüchtige menschliche Wahrnehmung auf strukturelle Brüche mit sinnesphysiologischer Zwangsläufigkeit reagiert. Impressionen resultieren aus Reizintensitätsdifferenzen, postuliert folgerichtig bereits seit anderthalb Jahrhunderten die psychophysische Messformel (Weber-Fechner-Gesetz). Kontraste bestimmen mithin unsere Sinneseindrücke, das gilt auch für die unvermeidliche Taxierung von Vertretern unserer eigenen Spezies.

Leonardo da Vincis „homo vitruvicanus", der der „proportio divina" nachempfunden wurde und heute die Rückseite der italienischen 2-Euro-Münze ziert, geht auf die bereits in der Antike durch den römischen Architekt Vitruvius ausformulierte Theorie des wohlgeformten Menschen zurück.[5] Dass hierbei keineswegs nur ein abstraktes Konzept, sondern gelebte Wirklichkeit ihren Niederschlag fand, wird am Befund des britischen Althistoriker Peter Brunt zum römischen Familienrecht deutlich: „Die Aussetzung missgebildeter Säuglinge scheint unter dem Zwölftafelgesetz tatsächlich obligatorisch und die normale Praxis gewesen sein." So nimmt es denn kein Wunder, dass selbst der Philosoph Seneca die archaische Sitte der Tötung beziehungsweise vermeintlich humaneren Aussetzung missgestalteter Neugeborener befürwortete, ebenso wie Jahrhunderte zuvor sein griechischer Konterpart Platon.[6] Doch nur wenige Dekaden nach der Zeitenwende weiß der römische Geschichtsschreiber Tacitus von einer verschworenen Gemeinschaft innerhalb des Imperiums Erstaunliches zu berichten, „denn eines der nachgeborenen Kinder zu töten gilt [ihnen] als Frevel". Im Verlauf weniger hundert Jahre konnte sich das im Judentum

---

[5] Diese „göttliche Proportion" oder Goldener Schnitt bezeichnet das Teilungsverhältnis einer Größe, bei dem die Relation des Ganzen zum größeren Teil (Major) derjenigen des größeren zum kleineren Teil (Minor) entspricht. Das ästhetische Idealverhältnis von Minor zu Major beträgt 1 zu 1,618. Letztere ist auch als Goldene Zahl beziehungsweise als Konstante $\Phi$ (Phi) definiert. Entsprechend übereinstimmende Proportionen vermitteln, trotz der zugrunde liegenden Asymmetrie, den optischen Eindruck harmonischer Vollkommenheit. Beim „homo vitruvicanus" spiegelt der Goldene Schnitt beispielsweise die Relation von Körper zu Ober- und Unterkörper, Oberkörper zu Kopf und Rumpf sowie Unterkörper zu Hüfte und Wade wider. Einem fraktalen Muster nicht unähnlich lassen sich die einzelnen Körperglieder immer weiter unterteilen.

[6] Tatsächlich handelt es sich bei dieser Praxis um eine anthropologische Konstante, die selbst in der Gegenwart von einigen der verbliebenen Naturvölker nach wie vor gepflegt wird und auch im Tierreich weit verbreitet ist. Neben soziokulturellen Aspekten war die Kindstötung schon immer das vorherrschende Mittel, einer etwaigen Ressourcenknappheit vorzubeugen.

verankerte Paradigma der Lebensheiligkeit via Christianisierung in der gesamten hellenistischen Welt etablieren und die Institution des Infantizids überwinden, wie der spätantike Diognetbrief überliefert: „Christen unterscheiden sich von anderen Menschen nicht durch Sprache und Kleidung [...]. Sie heiraten, wie jeder andere auch, sie haben Kinder, jedoch praktizieren sie nicht das Aussetzen neugeborener Babys." Im Zuge der konstantinischen Wende wurde dieses Pater-Familiae-Privileg schließlich verboten, Verstöße mit drakonischen Strafen belegt.

*Die Industrielle Revolution rettet unzählige Kinderleben*

Allerdings sollten sich weniger offensichtliche Formen der Kindstötung wie beispielsweise die heimliche Aussetzung, absichtliche Unterernährung und Vernachlässigung oder die Abgabe an „Mörderammen" (Lloyd deMausse) beziehungsweise Verwahranstalten in der westlichen Welt noch bis Anfang des 20. Jahrhunderts halten.[7] Erst mit der im Gefolge der industriellen Revolution einsetzenden, welthistorisch einmaligen Kapitalakkumulation und dem seither dauerhaft die materielle Reproduktion überschießenden Produktionsniveau wird neben der historischen Konstante der Kinderarbeit auch die verdeckte Kindstötung endgültig eliminiert. In Summe erhöhte dies massiv die Lebenschancen missgebildeter respektive behinderter Kinder, die nunmehr erstmals in nennenswerter Zahl das Erwachsenenalter erreichen konnten. Freilich blieb ihnen, als

---

[7] Neben den antiken Sagen aus dem levantinischen beziehungsweise griechisch-römischen Kulturkreis (Moses, Ödipus, Romulus und Remus) bewahren auch die in Mittelalter und Neuzeit wurzelnden europäischen Volksmärchen die Erinnerung an die passive und aktive Kindstötung (Hänsel und Gretel, Schneewittchen), freilich unter dem verdrängungsförderndem Schleier phantastisch-abstrakter Erzählelemente.

abnorm wahrgenommene Kuriositäten, der Zugang zu den Zirkeln „wohlgeformter Menschen" nach wie vor jahrzehntelang verwehrt.[8]

Noch im Jahr 1932 löste der Hollywood-Regisseur Tod Browning mit „Freaks" weltweit einen Sturm moralischer Entrüstung aus, der neben seiner Karriere beinahe noch die Finanzen des Filmstudios Metro-Goldwyn-Mayer (MGM) ruinierte.[9] Bei den Hauptdarstellern dieses im Zirkusmilieu angesiedelten Films handelt es sich fast durchweg um körperlich missgestaltete oder schwerstbehinderte Menschen. Browning hatte sie aus der sozial akzeptierten Versenkung parallelweltlicher Rummelplätze und Varieteeshows rekrutiert und erstmals geballt in das glamouröse Scheinwerferlicht der internationalen Filmöffentlichkeit getaucht. Die beiden einzigen „homines vitruvicani" spielen hingegen verkommene charakterliche Krüppel. Der bis heute dem Genre

---

[8] Als Ironie der (Welt-)Geschichte darf dabei getrost gewertet werden, dass mit der Eugenik und Rassenhygiene zeitgleich ein Rückfall in die just überwundene archaische Praxis erfolgte. So forderte das prominente Mitglied der britischen sozialistischen Fabian Society, der irische Schriftsteller George Bernhard Shaw, Anfang des 20 Jahrhunderts: „We should find ourselves committed to killing a great many people whom we now leave living [...]". Der laut lexikalischem Eintrag ausgewiesene „Pazifist" regte konkret an, sich hierzu einer „lethal chamber" zu bedienen. Schließlich appellierte der zwischenzeitig mit dem Literaturnobelpreis Gekürte noch im Jahr 1934 „to the chemists to discover a humane gas that will kill instantly and painlessly. Deadly by all means, but humane, not cruel." Die drei Wünsche der britischen Rotsozialisten setzten nur fünf Jahre später die deutschen Braunsozialisten im Rahmen der Aktion T4 detailgetreu in die Tat um.

[9] Der Film ist nur in englischer Sprache erhältlich. Mehrere Fragmente des Originals, etwa ein Drittel der gesamten Länge, gelten als verschollen, so unter anderem das ursprünglich makabre Ende, welches durch eine versöhnlichere Happy-End-Fassung ersetzt wurde. Nichtsdestotrotz ist „Freaks" ein beeindruckendes cineastisches Kleinod, nicht nur zum Beweis, dass es selbst ohne Arme und Beine möglich ist, eine Zigarette zu drehen und anzuzünden.

„US-amerikanischer Horrorfilm" zugeordnete Film – der englische Begriff „freak" bezeichnet ebenso eine Missbildung wie eine Monstrosität – wurde in zahlreichen Ländern zensiert, Werk und Regisseur erst in den 1960er Jahren wiederentdeckt und sukzessive rehabilitiert.[10]

Deutliche Anleihen beim Pionier des „American Gothik Cinema" nahm knapp 20 Jahre später der inzwischen längst zum Kultregisseur avancierte David Lynch. Insbesondere seine ersten beiden Werke als Filmschaffender heben dabei als Leitmotiv die „non-normative bodies on screen" explizit hervor. Seinem sich jeder Kategorisierung entziehendem Erstling „Eraserhead" aus dem Jahr 1977, eine um ein grotesk deformiertes Neugeborenes lose oszillierende schimärenhafte Erzählung, folgte drei Jahre später mit „Der Elefantenmensch" die finanziell erfolgreiche und weltweit mehrfach ausgezeichnete Verfilmung der teilweise frei interpretierten Biographie von Joseph Carey „John" Merrick.

*Das Schicksal von Englands unglücklichstem Sohn*

Das Licht der Welt erblickte Merrick am 5. August 1862 im englischen Leicester. Von Geburt an litt er unter einer bis heute nicht genau diagnostizierten genetischen Störung, die Haut,

---

[10] Dies mag allerdings auch dem Ruf Brownings, der selbst mehrere Jahre im Zirkus verbrachte, und der Entstehungsgeschichte des Films geschuldet sein. So war der Regisseur, der noch 1931 auf seinem Karrieregipfel Bela Lugosi mit „Dracula" zum Weltstar gemacht hatte, vom MGM-Produktionsleiter mit dem Ziel abgeworben worden, einen ultimativen Horrorfilm zu drehen. Inmitten der Weltwirtschaftskrise erfreuten sich insbesondere Monsterfilme wie „King Kong und die weiße Frau", „Frankenstein" und „Die Mumie" mit dem legendären Boris Karloff, „Dr. Jekyll und Mr. Hyde" oder eben „Dracula" äußerster Beliebtheit. Brownings schonungslos kolportierte Realität war jedoch augenscheinlich unerträglicher als jedwede Fiktion. „Freaks" wurde nicht nur vom Hays Office, einer damaligen US-amerikanischen Filmregulierungsstelle, sondern auch von großen Teilen des Publikums aktiv bekämpft.

Gewebe und Knochen weit über das natürliche Maß hinaus wuchern ließ. Bereits im Kleinkindalter bildeten sich erste Tumore im Gesicht, die bis zu seinem Tod mit Ausnahme des linken Arms und des Genitalbereichs den gesamten Körper befallen sollten und ihn einem fleischgewordenen Francis-Bacon-Porträt gleich zum wohl am stärksten deformierten lebensfähigen Exemplar der menschlichen Gattung mutieren ließen.[11] Geistig entwickelte sich Merrick allerdings völlig normal. Dank einer ihm in bedingungsloser Liebe ergebenen Mutter – ein auch den Film durchziehendes Leitthema – blieb ihm das unter diesen Umständen zu erwartende Schicksal eines herbeigeführten frühkindlichen Todes erspart. Unglücklicherweise starb seine Mutter Mary Jane Merrick im Mai 1873 an einer Lungenentzündung. Sie hinterließ neben Joseph Carey seine beiden jüngeren, gesunden Geschwister William Arthur und Marion Eliza. Der Vater heiratete kurze Zeit später die Vermieterin der mutterlosen Familie, die ihren Ehemann dazu nötigte, den bereits schwer missgestalteten Sohn, unter dessen auffälligem Äußeren sie ihren gesellschaftlichen Ruf leiden sah, aus der familiären Umgebung zu verbannen.

In den folgenden Jahren bewohnte John Merrick die Armen- und Arbeitshäuser Leicesters, brachte sich immerhin selbst Lesen und Schreiben bei und schlug sich, oft verfolgt und bedrängt, als

---

[11] Über seine Erkrankung, welche bisweilen auf Elefantiasis, Neurofibromatose oder das Proteussyndrom zurückgeführt wurde, wird bis heute spekuliert. Selbst ein DNA-Gutachten konnte keine entscheidende Klärung herbeiführen. Wahrscheinlich litt er, wie ein früherer Arzt gemutmaßt hatte, an der „Joseph-Merrick-Krankheit". Merrick selbst, so wird kolportiert, glaubte bis zu seinem Tod daran, dass die Attacke eines Zirkuselefanten auf die mit ihm schwangere Mutter die Ursache seiner Erkrankung gewesen sei, eine Geschichte, die diese ihm in seiner Kindheit erzählt haben soll und auf die in der Eingangssequenz des Films Bezug genommen wird.

Straßenverkäufer für diverse Trödelartikel sowie als Fabrik-
arbeiter, durch. Erscheinungsbild und körperliche Einschrän-
kungen setzten verkäuferischen wie handwerklichen Tätigkeiten
allerdings deutliche Grenzen. Das niedrige Einkommen
ermöglichte kaum mehr als eine Mangelernährung, geschweige
denn die Finanzierung einer zeitgemäßen ärztlichen Betreuung.
Die Lebensweise forderte ihren gesundheitlichen Tribut, und
Merrick wäre wohl in den Straßen Leicesters erbärmlich zu
Grunde gegangen, wäre er nicht dem Schausteller Sam Torr und
später dessen Kollegen Tom Norman begegnet. Nicht ganz
uneigennützig, jedoch stets mit dem gebotenen Anstand und
partnerschaftlicher Fairness, päppelte sie den Siechenden auf. Sie
ließen ihn, wenn auch hinsichtlich seiner Grunderkrankung
erfolglos, medizinisch betreuen und verschafften ihm in ihren
Varietés, „Freak Shows" genannte menschliche Kuriositäten-
kabinette, einer in jenen Tagen äußerst populären Unter-
haltungsform, eine feste Anstellung. Als „Elefantenmensch"
avancierte Merrick zu einer passablen Berühmtheit, was sich für
seinen weiteren Lebensweg noch als bedeutsam erweisen sollte.
Eine vertraglich vereinbarte Umsatzbeteiligung ermöglichte ihm,
ein kommodes Leben zu führen und darüber hinaus Rücklagen in
Höhe von, je nach Quelle, 50 bis 200 Pfund zu bilden, etwa dem
ein- bis vierfachen Durchschnittsjahreseinkommen eines
englischen Facharbeiters.

*Schutzgesetze stürzen Schwache ins Elend*

In jenen Tagen besuchte ein junger Chirurg namens Dr. Frederick
Treves die „Freak Show", als diese gerade gegenüber seiner
Wirkungsstätte, dem Whitechapel Hospital in London, gastierte.
An dieser so schicksalhaften Kreuzung beider Lebenswege setzt
Lynchs Film an, der seinen Protagonisten allerdings entgegen
historischer Überlieferungen als einen fatalistischen, von einem

dem Trunk ergebenen sadistischen Schausteller wie ein Stück Vieh gehaltenen Leibeigenen einführt, der von Dr. Treves befreit und in dessen Hospital erstmalig umfassend versorgt wird. Film wie Realität gemein ist hingegen die zunächst medizinisch-wissenschaftliche und in deren Gefolge schließlich auch persönliche Zuwendung von Dr. Treves zu seinem Patienten. Am 2. Dezember 1884 stellt dieser Merrick schließlich der Pathologischen Gesellschaft Londons vor, wodurch seine tragische Lebensgeschichte schließlich auch in den höheren gesellschaftlichen Sphären publik wird.[12]

In Lynchs Film setzt sich Merricks physischer wie psychischer Genesungsprozess im Hospital weiter fort. Allerdings macht sich ein korrupter Nachtwärter den Umstand seiner Popularität zu Nutze, indem er neugierigen Interessenten gegen Entgelt Zutritt zu Merricks Zimmer verschafft. Eines Nachts verwüstet dabei ein aufgestachelter Mob die gesamte Einrichtung. Dies nutzt der unter den Besuchern befindliche Schausteller und ehemalige „Besitzer" Merricks aus, um diesen fernab nach Kontinental-europa zu verschleppen, wo er ihn wieder auf Jahrmärkten auftreten lässt. Durch die Unterstützung anderer Freaks – an dieser Stelle erweist Lynch Tod Browning seine unmittelbare Reminiszenz – gelingt ihm schließlich die Flucht. Tatsächlich aber musste Merrick kurz nach seiner ersten Begegnung mit Dr. Treves England allein um des schnöden Broterwerb Willens verlassen, nachdem dort die beliebten „Freak Shows" gesetzlich verboten worden waren. In Belgien schließlich geriet er an einen

---

[12] Seine Popularität brachte ihn kurzzeitig allerdings auch mit den berüchtigten Rippermorden in Verbindung, die sich im Jahr 1888 im Stadtviertel Whitechapel, unweit von Merricks Unterkunft, ereigneten. Allein seine Außenseiterstellung weckte Verdachtsmomente, wenngleich er schon physisch nicht zur Durchführung der Taten in der Lage war.

betrügerischen Schausteller, der ihn um alle seine Ersparnisse brachte und hilf- wie mittellos aussetzte. Dennoch schaffte es Merrick irgendwie, über den Kanal zu setzen und sich bis zur Londoner Eisenbahnstation Liverpool Street zu schleppen, wo ihn die Polizei im Juni 1886 schließlich auffand. In der Tasche fand sie eine Visitenkarte von Dr. Treves, die von ihrer ersten Begegnung stammte.

*Öffentliche Laster versus private Tugenden*

Entkräftet wird er (erneut) im Whitechapel Hospital aufgenommen. Seine Freunde und Förderer haben derweil im Film wie in der Realität einen dauerhaften Hospitalaufenthalt Merricks gegen zähe Widerstände durchsetzen können. Englischen Krankenhäusern war es in jener Zeit gesetzlich untersagt, unheilbar Kranke aufzunehmen. Die Sorge um „einen der unglücklichsten Söhne Englands" bewog dabei sogar die Königsfamilie zur persönlichen Intervention. Spenden der Londoner Times Leser an den privat aufgelegten Joseph-Merrick-Fond stellten zudem die Finanzierung seiner Unterbringung langfristig sicher. Nach einem gemeinsamen Theaterbesuch, bei dem ihm Ensemble und Publikum ihre Ehre erweisen, bettet John Merrick ein letztes Mal sein Haupt im Diesseits: Waagerecht auf dem Rücken liegend „wie normale Menschen", wohl wissend, dass ihm das Gewicht der Tumore an Hals und Kopf in dieser Schlafposition die Luftröhre zerquetschen werden. Als letzte Impression seines irdischen Daseins erscheinen ihm Stimme und Gesicht seiner ihn willkommen heißenden Mutter in den Weiten des Alls.

Joseph Carey Merrick starb am 11. April 1890 im Alter von 27 Jahren durch Ersticken. Ob er sich tatsächlich in suizidaler Absicht rücklings gebettet hat oder diese Liegeposition Folge eines Herzinfarkts beziehungsweise Schlaganfalls war, ist bis heute ungeklärt. Seine erste Biographie wurde von Dr. Frederick Treves verfasst, der 1901 aufgrund seiner Verdienste von König Eduard VII. zum Ritter geschlagen wurde. Publiziert wurde sie allerdings erst posthum im Jahr 1923. Vermutlich um einer gewissen Anonymität und Abstraktion willen gab Treves den Vornamen Merricks mit John an, unter dem er bis heute bekannt ist. Bereits zu Lebzeiten hatte dieser verfügt, dass sein Körper im Fall des Todes wissenschaftlichen Zwecken zur Verfügung gestellt werden möge. Auch wenn im Laufe der Zeit zahlreiche der konservierten Exponate verloren gegangen sind, ist sein gut erhaltenes Skelett bis heute im Museum des Royal London Hospital, ehemals Whitechapel Hospital, zu besichtigen.

Kurz nach dem Tod angefertigte Gipsabdrücke seiner Körperteile dienten Lynchs Maskenbildnern als Arbeitsvorlage.[13] Diese nach drehtäglich mehrstündiger Anpassung auch würdig zu beseelen oblag dem britischen Charakterdarsteller John Hurt, der in dieser Aufgabe ebenso zu brillieren weiß wie sein Konterpart Antony Hopkins in der Rolle des Dr. Treves, der die Metamorphose vom kühl-nüchternen Wissenschaftler zum empathischen-mitleidenden Vertrauten absolut ebenbürtig zu verkörpern weiß. Neben der schauspielerischen Glanzleistung der Hauptprotagonisten besticht der Film – ebenso wie Lynchs Erstling in Schwarzweiß gehalten – durch die atmosphärisch meisterhaft in Szene gesetzte und liebevoll bis ins Detail rekonstruierte Kulisse des viktorianischen London. Vor allem aber

---

[13] Bei der Oscarverleihung im Jahr 1981 wurde noch kein Preis für die beste Maske verliehen, für den „Der Elefantenmensch" prädestiniert gewesen wäre. Erst ein Jahr später wurde eine Auszeichnung für diese Kategorie eingeführt. Insgesamt ging Lynchs Film trotz acht Nominierungen leer aus. Ein Grund dürfte allerdings auch die sehr starke Konkurrenz gewesen sein, darunter Martin Scorseses ebenfalls (überwiegend) in Schwarzweiß verfilmte Sportlerbiographie „Wie ein wilder Stier" mit Robert de Niro als Boxer Jake LaMotta.

ist „Der Elefantenmensch" ein Stück herzergreifendes Gefühlskino, welches ob des realen Schicksals nur schwer an Intensität zu übertreffen ist. Finanziert wurde das ambitionierte Werk Lynchs übrigens von dem schon damals für seine slapstickhaften Parodien („Frühling für Hitler") bekannten Mel Brooks, der jedoch um falscher Assoziierungen willen auf eine Nennung seines Namens bewusst verzichtete.

*Staatsversagen von der Wiege bis zur Bahre*

Merricks Biographie veranschaulicht einerseits nachdrücklich den nekromantischen Odem des „kältesten aller kalten Ungeheuer" (Friedrich Nietzsche) und die wohlige Wärme privater Familien- und Freundschaftsbande andererseits. In den öffentlichen Arbeits- und Armenhäuser sah sich niemand imstande, Merricks Lebens- und Gesundheitszustand zu stabilisieren und ihm eine berufliche Perspektive aufzuzeigen, geschweige denn, zu Wohlstand zu kommen. Tom Foster gelang das hingegen sehr wohl. Moralinsauer kann deshalb auch nur der mögliche Einspruch aufstoßen, Foster hätte sich lediglich um des ökonomischen Profits willen engagiert. Bezeichnenderweise war es der Gesetzgeber, der Merricks einzige realistische Möglichkeit zu Wohlstand zu gelangen, vereitelte und dazu beitrug, dass ihm alles genommen wurde. Sie degradierten ihn, der sich ohnehin den allzu aufmerksamen Blicken seiner Umwelt ausgesetzt sah, zum unfreiwillig schutzbedürftigen, tatsächlich „sozial schwachen" Empfänger von Almosen. Der Staat nahm ihm jede Möglichkeit, die aus dem Voyeurismus seiner Mitmenschen resultierende latente Zahlungsbereitschaft profitabel auszubeuten. Nicht milder muss das Urteil über das öffentliche Gesundheitswesen ausfallen. In dem Augenblick, als Merrick der Hilfe desselben tatsächlich am meisten bedurft hätte, als er sich mittellos, geschwächt und krank durch die Gassen Londons quälte, wäre ihm ein Krankenhausaufenthalt beinahe verwehrt geblieben. Es bedurfte hierzu einer nachgerade gesetzesbrechenden Intervention der Königsfamilie. Und erst dank der durch engagierte Publizisten entfachten Spendenbereitschaft schwoll der eigens aufgelegte Joseph-Merrick-Fond auf ein Volumen an, das seinem Namensgeber zum ersten Mal seit seiner frühen Kindheit ein Zuhause ermöglichte. Dante Alighieris Göttlicher Komödie entnommene Allegorie, wonach der Weg ins Inferno mit guten Vorsätzen gepflastert sei, findet in Merricks kurzer Existenz reichlich empirisches Anschauungsmaterial – zumindest gilt das für die Folgen der Gesetzgebung.

*Leben, Freiheit und das Streben nach Glück*

Auf ontologischer Ebene ist Lynchs passionsgeschichtliche Ode im besten existenzanalytischen Sinn eine Mahnung: die dem Leben inhärente Sinnsuche als Essenz menschlichen Daseins schlechthin, als Streben nach Selbsttranszendenz (Viktor Frankl), als Fähigkeit, seine Grenzen zu überschreiten. Sie durchzieht Merricks 27 Jahre währende Existenz analog zur wenige Monate zählenden Zeitrafferversion in Leo Tolstois „Der Tod des Iwan Iljitsch" und findet schließlich aller Tragik zum Trotz ihre Existenzangst enthebende, triumphale Erfüllung. Der unnachgiebige Wunsch und Wille unbedingter Daseinsbewältigung speist sich aus einer Kindheit mit intensiv erfahrener, vorbehaltsloser (Mutter-)Liebe, welche in wenigen prägenden Jahren empfangen, ein ganzes Leben lang ausreichte. Merricks Los kann dabei als eindringliche Proklamation des, frei nach Roland Baader, ultimativen Menschenrechts aufgefasst werden, des „Rechts, in Ruhe gelassen zu werden". Wie kaum ein Schicksal sonst appelliert Merriks Leben an die vernunftrechtlich universell gebotene (Rechts-)Subjektfähigkeit und die Konzeption des Selbsteigentums seines Landsmanns John Locke. Sie haben ihren Niederschlag in der Unabhängigkeitserklärung der Vereinigten Staaten gefunden: die unveräußerlichen Rechte auf Leben, Freiheit und das Streben nach Glück.

## Zitate

*„Können Sie sich vorstellen, unter welchen Umständen er gelebt haben muss? […] Ich glaube kaum. Ich glaube unsere Phantasie reicht nicht aus, um sich das vorstellen zu können."*

Dr. Frederick Treves

*„Ich bin kein Tier, ich bin kein Tier! Ich bin ein menschliches Wesen. Ich bin ein Mensch!"*

John Merrick

*„Ich bin jede einzelne Stunde des Tages glücklich. Mein Leben ist erfüllt, weil ich weiß, dass ich geliebt werde."*

John Merrick

*„Nichts wird vergehen. Der Strom fließt dahin. Der Wind weht, die Wolke schwebt. Das Herz schlägt. Nichts wird vergehen."*

John Merricks Mutter aus dem Off

# Vikings

Michael Hirst

gesehen von Michael von Prollius

## Filmthema

Fernsehserie, die den Aufstieg des legendären Wikingers Ragnar Lodbrok zum König von Dänemark im 9. Jahrhundert schildert, angelehnt an die historischen Begebenheiten und fiktional angereichert. Die Serie vermittelt neben dem Leben der Wikinger und Expansionsfahrten u.a. nach England einen intensiven Eindruck von den machtpolitischen Konstellationen in einer Welt vermeintlich freier Menschen.

## Bedeutung

Herschaft, Hierarchien und Gewalt sind elementare Bestandteile menschlichen Zusammenlebens. „Vikings" schildert anschaulich das machtpolitische Gezerre vor und vor allem hinter den Kulissen einschließlich der Folgen, die Macht über Menschen mit sich bringt. Zu Lebzeiten der Wikinger gab es keine wirksamen Institutionen, um den Schutz von Leib, Leben und Eigentum auch nur innerhalb einer Gemeinschaft zu sichern – zuweilen andersklingenden Lobliedern zum Trotz. Im rauen Alltag der Nordmänner waren Freiheit und Eigentum zwar bedeutsam.

Allerdings standen sie unter dem Vorbehalt einer zentralisierten Herrschaft mächtiger Männer und wurden durch Gewalt von innen und außen bedroht.

## Regisseur und Darsteller

Erscheinungsjahr: ab 2013

Regie: Michael Hirst

| Darsteller | Filmfiguren |
| --- | --- |
| Travis Fimmel | Ragnar Lodbrok |
| Clive Standen | Rollo Lodbrok |
| Katheryn Winnick | Lagertha Lodbrok |
| Gustav Skarsgard | Floki |
| Gabriel Byrne | Jarl Haraldson |

## Interpretation

*Worum geht es bei „Vikings"?*

Starke Männer und Frauen. Wagemutige und blutrünstige Eroberungsfahrten. Ein hartes Leben als Bauern, Jäger und Händler. Luxusgüter und Reichtümer, die vor allem durch Raubzüge beschafft wurden. Unberührte gewaltige Natur. Ein Leben in der Gewissheit, sein Heil letztendlich bei den Göttern zu finden. Das sind Aspekte, die die Serie „Vikings" auszeichnen und sehenswert machen. Impressionen vom alltäglichen Leben und Sterben, vom Ringen um Macht und von wagemutigen Explorationen.

De erste Staffel beginnt mit Ragnar, dem Protagonisten der Serie, und seiner Frau Lagertha, die unzufrieden mit der Politik ihres Stammesführers, Jarl Haraldson, sind. Das liegt vor allem an den sommerlichen Raubzügen, die fortwährend nach Osten geführt werden, wo es kaum noch etwas zu erbeuten gibt. Ragnar strebt stattdessen an, erstmals über das Meer zu den Westländern zu fahren, obwohl unklar ist, ob sie existieren, und niemand weiß, wie man dorthin navigieren kann. Der zunächst unterschwellige Konflikt wächst sich zu einem Machtkampf aus. Ragnar gelingen mit einem Kompass (einem Sonnenstein) und einem eigenen Schiff die Überfahrt und der Überfall auf ein Kloster. Sein Ansehen wächst. Ein zweiter Beutezug trägt dazu bei. Zugleich entflammt die Eifersucht seines Bruders Rollo, der für eine Intrige empfänglich ist. Jarl Haraldson, der bisher alle Schiffe kontrollierte und ungehindert seinen Reichtum mehrte, versucht schließlich, sich durch einen Überfall auf Ragnars Hof des Emporkömmlings zu entledigen. Trotz einer dabei erlittenen, nicht ausgeheilten schweren Verwundung, tötet Ragnar später den Herrscher im Zweikampf und wird neuer Jarl des Kattegat.

Die folgende zweite Staffel entfaltet die politischen Intrigen und damit verbundenen Kämpfe um die Herrschaft zunächst zwischen den beiden Brüdern und einem anderen Jarl (Borg), später mit dem intriganten König Horik, der in der großen Versammlungshalle des Kattegat von Ragnar getötet wird. Die dritte Staffel handelt vom Leben und Sterben in England, wo in Wessex Wikinger siedeln, und vom großen, verlustreichen Angriff auf Paris, die Hauptstadt des westfränkischen Reiches. Intrigen spielen erneut eine zentrale Rolle.

*Was ist lehrreich?*

Bereits in den ersten Folgen wird deutlich, dass es sich bei den Wikingern um freie Männer handelte. Die Frauen hatten, trotz mancher Kriegerin, als schwaches Geschlecht und als Mütter keine gleichrangige Stellung. Eigentum wird als hohes, schützenswertes, aber auch begehrtes Gut im Gemeinwesen betrachtet. Recht spielt eine wichtige Rolle, gerade bei schwerwiegenden Taten, etwa die Tötung eines Wikingers aus demselben Dorf. Einen Staat gab es im frühen Mittelalter nicht, auch keinen Gewaltmonopolisten, aber einen Herrscher, dem die Entscheidung über gemeinsame Angelegenheiten und auch die Rechtsprechung oblag. Bereits zum Anfang der Serie wird deutlich, wie missbrauchsanfällig diese überragende Position ist. Jarl Haraldson, der Ankläger und Richter zugleich ist, spricht in einem Tötungsfall ein Todesurteil aus, weil, wie sich herausstellt, er an das Land des Täters gelangen will. Dazu manipuliert er mit wenigen Worten die ohnehin aufgeputschte Menge – Todesurteil per Mehrheitsakklamation. Selbstverständlich gibt es in der Stammesordnung auch kein friedliches Verfahren, um den Jarl und seine Führungsmannschaft auszuwechseln. So bilden sich rivalisierende Gruppen. Intrigen werden gesponnen, mit tödlichem Ausgang für den Herrscher und seinen perfiden Intimus. Der körperlich Überlegene siegt und wird als neuer Herrscher anerkannt. Schließlich ist das Eigentum keineswegs unantastbar, genauso wenig wie das Leben. Jarl Haraldson verfügt über genug Macht, um Ragnars Hof anzugreifen, zu töten und zu brandschatzen. Ragnar begeht später selbst als Jarl aus taktischen Gründen einen Mord, der ungesühnt bleibt; sein vielleicht bester Freund Floki, der genial-bizarre Schiffsbaumeister, tötet in verstiegener Eifersucht den Mönch Athelstan, der ein Intimus von Ragnar ist.

Gewalt gehört zum Alltag. Treueschwüre binden die eigentlich freien Wikinger in der politischen Hackordnung an den Herrscher. Macht speist sich aus persönlichem Ansehen, Besitz und der Fähigkeit, Menschen für sich zu gewinnen. Das macht das Streben nach dem Thron attraktiv. Wie im Innern, so nach außen bestimmen persönliche Bündnisse, Intrigen, Verlockungen und

immer wieder Gewalt die Beziehungen zu anderen Herrschafts-
bereichen. Überbordende Emotionen, Mord- und Plünderlust,
Reichtum und Ruhm bilden Leitlinien des Handelns. Der Handel
spielt hingegen eine nachrangige Rolle. Die Arbeitsteilung ist
vergleichsweise gering ausgeprägt. Der Überlebenskampf mit
Hunger im Winter bindet die Kräfte. Die Gesundheitsversorgung
bleibt vollkommen unterentwickelt, auch im Vergleich zu
anderen Kulturen der Zeit oder den Errungenschaften des
Römischen Reiches. Eine Herrschaft der Mächtigen, der Männer
über Männer und Frauen, nicht des Rechts, kennzeichnet das
Filmleben. Das nimmt manchen romantisierenden Lobpreisungen
eines vorbildlichen Lebens von Wikingern, insbesondere
Isländern, aber auch mit Bewunderung geschilderten Regel-
systemen neuzeitlicher Piraten, den vermeintlichen Glanz von
Freiheit und Selbstbestimmung.

*Die wirkliche Welt der Wikinger*

In der heutigen regulierten, bürokratisierten und konditionierten
Welt mit ihrem vergleichsweise phantastischen Wohlstand wirkt
die filmisch distanzierte und historisch verklärte Wikingerzeit
attraktiv, zumal mit Chips und Cola vom gemütlichen Sofa neben
der Heizung aus betrachtet. Sozial akzeptiertes Ausleben von
Aggressionen kann einen Beitrag zu dieser Begeisterung leisten.
Ruhm, Ehre, Rache, Runen, Sagas, Mythen mögen für eine
romantische Sicht sorgen. Der Wikingerkult setzte immerhin
bereits zu Beginn des 19. Jahrhunderts ein. 1811 gründete sich in
Stockholm ein Gotischer Bund. Nicht alles entpuppt sich indes im
Zuge wissenschaftlicher Untersuchungen als Klischee.

Wikinger lebten überwiegend in Gehöften und kleinen Dörfern.
Auch Handelszentren waren kaum größer als 1.000 Einwohner.
Überlebenskampf durch die von Missernten und Notzeiten
gekennzeichnete Landwirtschaft durch Unwetter, Überflutungen

und Vulkanausbrüche prägten das Leben der Bauern, Jäger und Sammler.

Von 793 bis 1066 machten Wikinger vor allem als Piraten, die ein Menschenleben gering schätzten, auf der Suche nach Beute von sich reden. Als geschickte Pragmatiker waren sie die Global Player ihres Zeitalters. Das lag auch an kulturellen und organisatorischen Fähigkeiten der Wikinger, die Wissenschaftler heute anerkennen. Wikinger hatten sich weiter entwickelt, statt lediglich auf einer barbarischen Entwicklungsstufe zu stagnieren. Sie kolonisierten als Bauern und Fischer Island und andere Inseln im Nordatlantik. Sie fuhren als Entdecker nach Grönland und Kanada. Halb Europa wurde von ihnen als Piraten und Plünderer heimgesucht. Als Söldner kämpften sie in England, Frankreich und der Türkei. Als Händler gelangten sie nach Russland und bis in den heutigen Irak. Als Krieger und Politiker herrschten sie zeitweise über England und begründeten das Land der Nordmänner, die Normandie.

Indes trifft das Bild einer Gemeinschaft von Freien nicht zu. Ein wichtiger Grund für die Eroberungsexpeditionen über die nautischen und seefahrerischen Fähigkeiten hinaus bestand darin, dass militärische Aggressionen, Erpressungen und Plünderungen zu den gebräuchlichen politischen Mitteln gehörten. Für kleine Einfluss- und Herrschaftsbereiche bildeten Raubzüge die maßgebliche Möglichkeit, Einnahmen zu erhöhen und Gefolgschaft zu sichern. Deren Organisation, Finanzierung und Leitung widerspricht dem sagenhaften Wikingermythos, der selbst in Quellen zu finden ist: *„Wir haben keinen Anführer, sondern sind alle gleich"*, wie ein anonymer dänischer Wikinger um 882 zu Herzog Ragnold sagte. Das gilt auch für die lediglich vermeintlich gleichmäßige Aufteilung von Beute. Allerdings handelte es sich um (zeitweise) verschworene Gemeinschaften.

Trotz schwieriger Quellenlage gilt es als wahrscheinlich, dass Dänemark bereits im frühen 8. Jahrhundert eine Zentralmacht war. In Skandinavien herrschte damals der Stammesadel, und dieser war bemüht, sein Ansehen und seinen Reichtum zu vergrößern. Die englischen, französischen und deutschen Herrscher galten den Wikingern als Vorbilder, weshalb sie Städte gründeten, Kirchen bauten, Steuern und Abgaben einführten und Einheitsstaaten bildeten. Die Herrscher folgten bereits in den Jahrhunderten zuvor dem uralten Muster, nachdem sie für Handel sichere Orte anboten und dafür Zölle erhoben. Die Herrscher kontrollierten frühzeitig über Häuptlinge und Anführer von Sippen weite Teile der skandinavischen Länder. Dementsprechend wurden Bemühungen unternommen, eine einfache Infrastruktur zu errichten, darunter Wege für Ochsenkarren und Kanäle für Boote. Das ließ die Wirtschaft florieren.

In Island wurde 930 das Althing gegründet, die gesetzgebende und gesetzsprechende Versammlung. Indes handelte es sich nicht um eine evolutionäre Entwicklung von Konventionen in Recht und Gesetz. Vielmehr wurde das Gesetz von Ulfjotr akzeptiert, der auftragsgemäß eine angepasste Form des Gulathing-Gesetzes aus Norwegen mitgebracht hatte. Und trotz der Versammlung aller freien Männer im Althing lag die tatsächliche Macht in den Händen von zunächst 36 Goden, den namhaften Repräsentanten ihrer Distrikte. Island war also eine Oligarchie und keine Republik.

Die Rolle der Frau variierte innerhalb Skandinaviens erheblich. Aufgrund der Monate, mitunter Jahre währenden Abwesenheit der Männer oblag den Frauen die gesamte Arbeit auf den Höfen. Zugleich spielten Frauen auch im Handel eine teilweise erhebliche Rolle. Letztlich bleibt die Rolle der Geschlechter indes unklar.

Vielleicht ist es die Mischung aus Fakten und Fiktion, die die Serie „Vikings" anschauenswert macht. Unterhaltung und Wissenserweiterung gehen Hand in Hand, sobald man neben dem Film auch Bücherwissen in Betracht zieht.

## Zitate

Ragnar: *„Ich habe Dir etwas zu sagen. Ich bin nicht Earl geworden, weil ich das angestrebt habe. Es hat sich so ergeben, weil andere Menschen gehandelt haben. Und ich bin nicht aus Ehrgeiz König geworden, aber wieder hatte ich keine Wahl, es war eine Folge durch das Handeln anderer Menschen. Nichtsdestotrotz, ich bin König. König Ragnar, das ist mein Name. Was tut ein König, Björn?* Björn: *„Er herrscht."* Ragnar: *„Ja, genau ... er herrscht. Und als Herrscher, habe ich das letzte Wort. Ich! Nicht Du, nicht Du und nicht Du."*

Ragnar im Gespräch mit seinem Sohn Björn

*„Ich habe immer geglaubt, dass der Tod ein weitaus besseres Schicksal als das Leben ist, weil man mit seinen verlorenen geliebten Menschen wieder vereinigt wird. Aber wir werden uns niemals wiedersehen mein Freund. Ich habe das Gefühl, dein Gott wird mir meinen Besuch im Himmel verwehren."*

Ragnar zu Athelstan

*„Die Welt ändert sich und wir müssen uns mit ändern."*

Ragnar

*„Krieger zeigen nicht ihr Herz, bis es ihre Axt tut."*

Floki

# Abspann: Autoren

**Nur Baysal** studiert Philosophie und Geschichte an der Universität zu Köln und für ein Semester am Institute of Philosophy der Katholieken Universiteit Leuven. Sie ist Mitglied des Executive Board von European Students For Liberty und in ihrer Position für akademische Programme und den Blog zuständig. Daneben ist sie Gründerin der Rheinischen Libertarier, mit denen sie in Köln und Bonn regelmäßig klassisch-liberale Veranstaltungen und Lesekreise organisierte. Ab und an schreibt sie Artikel u.a. für das Magazin „Peace Love Liberty" und den SFL Blog.

**Dr. Stefan Blankertz** ist habilitierte Pädagoge, Wortmetz, Publizist und Theoretiker der Gestalttherapie, Anarchist seit 1970, Rothbardero seit 1980. Im Mittelpunkt seines Schaffens stehen Lyrik und Politik für Toleranz und gegen Gewalt. Seine Webseite ist www.stefanblankertz.de.

**Dr. Detmar Doering** ist designierter Büroleiter des Projektbüros der Friedrich-Naumann-Stiftung für die Freiheit in Prag. Zuvor war er viele Jahre Leiter des „Liberalen Instituts" der Stiftung, das sich als Thinktank der Stiftung versteht. Seine Schwerpunktthemen sind die Grundlagen und Geschichte des Liberalismus sowie Föderalismus und Marktwirtschaftliche

Ordnung. Doering ist Mitglied der „Mont Pelerin Society". Er ist Autor mehrerer Bücher, darunter „Traktat über die Freiheit".

**Dr. Hendrik Hagedorn** ist Dozent für Volkswirtschaftslehre an der BiTS Berlin. Zuvor war er am DIW Berlin als wissenschaftlicher Mitarbeiter tätig und dort in erster Linie mit gesamtwirtschaftlichen Analysen und Konjunkturprognosen betraut. Hendrik Hagedorn ist Diplom-Physiker, Master of Economics and Financial Research und Absolvent des Graduate Center am DIW Berlin. Seine Dissertation zum Thema der Modellbildung innerhalb der Österreichischen Schule verfasste er an der Westfälischen Wilhelms-Universität Münster.

**Remo Haufe** promoviert nach seinem Master of Industrial and Network Economics an der Technischen Universität Berlin.

**Karl-Friedrich Israel** hat Ökonomie, Angewandte Mathematik und Statistik an der Humboldt-Universität zu Berlin, der ENSAE ParisTech in Paris und der Oxford University studiert. Zurzeit absolviert er ein Doktorstudium in Ökonomie an der Universität Angers in Frankreich und ist Stipendiat des Ludwig von Mises Institute in Auburn, Alabama.

**Henning Lindhoff** ist stellvertretender Chefredakteur des Monatsmagazins „eigentümlich frei", Autor zahlreicher Sachbücher und schreibt regelmäßig im „Sachwert Magazin", in der Wochenzeitung „Junge Freiheit" und in der „Fuldaer Zeitung". Seine Gastbeiträge und Kolumnen wurden bislang auch auf dem familienpolitischen Blog der Unternehmensberatung A.T. Kearney, im „Smart Investor" und auf dem Blog „What's left" der „Frankfurter Allgemeinen Zeitung" publiziert. Über die aktuelle Rechtsprechung zu Immobilien und Hausverwaltung informiert Henning Lindhoff wöchentlich auf dem Wohnungseigentümer-Portal my-etw.

**Luis Pazos** absolvierte eine Ausbildung zum Kampftruppenoffizier und ein Studium der Betriebswirtschaftslehre an der Universität der Bundeswehr Hamburg. Im Anschluss durchlief er diverse Fach- und Führungsfunktionen an unterschiedlichen Standorten und Dienststellen des Heeres. Im Jahr 2006 quittierte er den Dienst und ist seither im Management privatwirtschaftlicher Unternehmen tätig, derzeit bei einem mittelständischen IT-Dienstleister. Seit 2008 ist er zudem Redakteur beim Monatsmagazin „eigentümlich frei".

**Michael von Prollius**, Dr. phil., Publizist und Gründer von Forum Freie Gesellschaft, wirbt als klassischer Liberaler für einen Rückbau des Staates, die proportionierlichste Bildung der Kräfte des Einzelnen zu einem Ganzen und die Weiterentwicklung der Österreichischen Schule der Ökonomik. Seine Homepage ist http://michael.von.prollius.de.

**Andreas Tögel** ist kaufmännischer Unternehmer (gelernter Maschinenbauer). Er steht auf dem Boden der Österreichischen Schule der Ökonomik und befürwortet eine staatsfreie Privatrechtsgesellschaft. Tögel schreibt für das libertäre Magazin „eigentümlich frei", für eine konservative österreichische Wochenzeitung und für einige Internetplattformen.